Papa Francisco

CARO LEITOR,

Queremos saber sua opinião sobre nossos livros.
Após a leitura, curta-nos no facebook/editoragentebr, siga-nos no Twitter@EditoraGente e visite-nos no site www.editoragente.com.br.
Cadastre-se e contribua com sugestões, críticas ou elogios.

Boa leitura!

Papa Francisco

A ESSÊNCIA DE SUA SABEDORIA

EDITADO POR
CAROL KELLY-GANGI

TRADUÇÃO:
CISSA TILELLI

Gente editora

Para John Christopher e Emily Grace com amor eterno.

Diretora
Rosely Boschini

Gerente Editorial
Marília Chaves

Estagiária
Natália Domene Alcaide

Editora de Produção Editorial
Rosângela de Araujo Pinheiro Barbosa

Controle de Produção
Karina Groschitz

Tradução
Cissa Tilelli

Preparação
Entrelinhas Editorial

Projeto gráfico de capa e miolo
Scott Russo

Diagramação
Join Bureau

Revisão
Vero Verbo Serviços Editoriais

Impressão
Rettec Gráfica

Originalmente publicado nos Estados Unidos em 2014 por Fall River Press, uma marca de Sterling Publishing Co., Inc. com o título POPE FRANCIS: HIS ESSENTIAL WISDOM.

Rua Pedro Soares de Almeida, 114
São Paulo, SP – CEP 05029-030
Telefone: (11) 3670-2500
Site: http://www.editoragente.com.br
E-mail: gente@editoragente.com.br

Dados Internacionais de Catalogação na Publicação (CIP)
(Câmara Brasileira do Livro, SP, Brasil)

Francisco, Papa, 1936-
A sabedoria essencial do Papa Francisco / editado por Carol Kelly-Gangi ; tradução Cissa Tilleli. – São Paulo : Editora Gente, 2015.

Título original : Pope Francis : his essential wisdom

1. Francisco, Papa, 1936- 2. Igreja Católica – Doutrinas 3. Vida espiritual – Igreja Católica I. Kelly-Gangi, Carol. II. Título.

15-05802 CDD-230.2

Índices para catálogo sistemático:
1. Igreja Católica : Doutrinas 230.2

SUMÁRIO

INTRODUÇÃO

A fé não mora na escuridão, ela é uma
luz para nossas trevas.

— Papa Francisco, *A Igreja da Misericórdia*[1]

Em 13 de março de 2013, Jorge Mario Bergoglio foi eleito pelo Colégio dos Cardeais para se tornar o 266º papa da Igreja Católica e o líder de 1,2 bilhão de católicos em todo o mundo. No primeiro ano de seu mandato, o Papa Francisco desafiou repetidamente as pessoas de dentro e de fora da Igreja a se concentrar nos temas de amor e perdão que Jesus pregou. Por meio de palavras, gestos e ações, o Papa Francisco lembra de maneira contínua às pessoas sobre a misericórdia infinita de Deus, a respeito das obrigações delas para com os necessitados, do significado da humildade e da força salvadora do amor de Jesus.

Papa Francisco é o primeiro pontífice a adotar esse nome. É no espírito de São Francisco que a humildade, o serviço e a proximidade com as

---

1 BERGOGLIO, J. M. *A igreja da misericórdia: minha visão para a igreja*. São Paulo: Paralela, 2014. (N.T.)

pessoas comuns estão marcando seu papado. Ele atrai a atenção mundial por seu gesto pastoral, sua fé ardorosa e seu foco nas pessoas necessitadas – tanto no âmbito material quanto no espiritual. Ele escolheu desconsiderar os luxos do escritório papal preferindo uma abordagem modesta para a vida diária. Ele optou pelo uso de sapatos e paramentos simples, por morar em uma casa de hóspedes do Vaticano e locomover-se em um Ford Focus. As pessoas também ficam espantadas com o que a mídia apelidou de seu "telemarketing", em que ele, pessoalmente, telefona para alguém que está passando por dificuldades para oferecer conforto ou conselhos. Contudo, para aqueles que o conhecem, essas atitudes não se revelam uma surpresa. Como ele mesmo diz, ele é uma pessoa normal.

A sabedoria essencial do Papa Francisco convida os leitores a experimentar as palavras desse amado pontífice. Os trechos reproduzidos aqui foram extraídos de suas homilias, seus livros, suas entrevistas, seus discursos e de outras declarações e escritos, tanto do início de seu papado como no decorrer de sua vida religiosa, ainda como bispo, arcebispo e cardeal. Suas palavras revelam um homem humilde, gentil, profundamente espiritualizado e pleno do amor e da misericórdia de Deus.

Nos trechos escolhidos, o Papa Francisco fala com alegria sobre o amor eterno de Deus; ele nos convida a nos abrir para Deus por meio da oração; ele nos desafia a estender a mão aos necessitados; e ele nos lembra da misericórdia e da compaixão de Jesus. Há também uma seleção de citações mais pessoais, em que o Papa Francisco relata sua vocação ao sacerdócio e de que modo sua fé o sustentou diante dos desafios da vida. Por fim, há uma coletânea de citações de outras pessoas sobre o Papa Francisco – daqueles que são bem próximos a ele, de líderes mundiais, escritores e pessoas de todas as esferas da vida que, de algum modo, foram tocados por ele.

Se você está em busca de orientação em sua jornada espiritual, ou se quer saber mais a respeito do novo pontífice que está vivendo o Evangelho e transformando vidas, espero que as palavras simples e profundas do Papa Francisco preencham seu coração e toquem sua alma.

— Carol Kelly-Gangi
New Jersey, 2014

UM CHAMADO PARA SERVIR

Vocação religiosa é um chamado de Deus a um coração que o está esperando, consciente ou inconscientemente.

— *Papa Francisco:* conversas com Jorge Bergoglio,[2] editado por Francesca Ambrogetti e Sergio Rubin

Durante aquela confissão algo incomum aconteceu comigo.
Não sei dizer o que, mas foi algo que mudou minha vida. Diria que fui surpreendido no momento em que baixei minha guarda. Foi a surpresa, o encantamento de um encontro que eu percebi já estar esperando. Essa é a experiência religiosa: o maravilhamento de encontrar alguém que já está esperando por você.

— *Francis:* Pope of a new world, por Andrea Tornielli, traduzido para o inglês por William J. Melcher

Eu contei primeiro ao meu pai, e ele encarou a notícia muito bem. Mais do que bem: ele ficou feliz. Ele apenas me perguntou se eu tinha certeza de minha decisão. Mais tarde ele disse à minha mãe, que, por ser uma boa mãe, já fazia ideia.

— *Papa Francisco:* conversas com Jorge Bergoglio, editado por Francesca Ambrogetti e Sergio Rubin

[2] Rio de Janeiro: Verus, 2013. (N.T.)

Por favor, não se esqueçam de rezar por mim, porque eu realmente preciso de suas orações.

— Homilia, 29 de julho de 2007

Entrei no seminário diocesano. Eu gostava dos dominicanos, eu tinha amigos entre eles. No entanto, escolhi a Companhia de Jesus, que eu conhecia muito bem porque o seminário fora confiado aos jesuítas. Três coisas em particular me surpreenderam na Companhia de Jesus: seu espírito missionário, sua comunidade e sua disciplina.

— Entrevista ao padre Antonio Spadaro,
Companhia de Jesus, editor-chefe da revista
***La Civiltà Cattolica*, agosto-setembro/2013**

Não tenha medo de levar o Cristo a todos os ambientes da vida, às margens da sociedade, mesmo àqueles que parecem mais distantes, mais indiferentes.

— Jornada Mundial da Juventude,
28 de julho de 2013

Ontem comemorei o 60º aniversário do dia em que ouvi a voz de Jesus pela primeira vez em meu coração [...]. Nunca me esquecerei disso. O Senhor me conscientizou fortemente de que eu deveria tomar esse caminho [...]. Não, eu não me arrependi, porque sempre, mesmo nos momentos mais sombrios, de pecado e de fragilidade, de fracasso, eu olhei para Jesus e confiei n'Ele, e Ele não me abandonou. Confie em Jesus: Ele sempre continua em sua jornada, Ele caminha ao nosso lado!

— Mensagem direcionada aos jovens, Cagliari, Sardenha, 22 de setembro de 2013

Quando rezo por Buenos Aires, agradeço a Deus pelo fato de ter nascido nessa cidade. O amor que flui de tanta familiaridade me ajuda a incorporar a universalidade da fé, que abraça todos os homens e todas as mulheres de todas as cidades.

— Observações realizadas na abertura do Primeiro Congresso Regional do Ministério Urbano em Buenos Aires, 25 de agosto de 2011

Eu quero as coisas movimentadas e agitadas nas congregações. Quero que vocês tomem as ruas. Quero que a igreja tome as ruas.

— Discurso na Catedral de São Sebastião,
25 de julho de 2013

PAPA FRANCISCO

Antes de aceitar, perguntei se eu poderia passar alguns minutos na sala ao lado da que possui varanda com vista para a praça. Minha cabeça estava completamente vazia e fui tomado por uma grande ansiedade [...]. Fechei os olhos e, então, toda ansiedade ou emoção desapareceram. Em certo ponto fui tomado por uma grande luz. Ela durou apenas um instante, mas para mim pareceu bastante tempo. Em seguida, a luz se apagou, eu me levantei de súbito e entrei na sala onde estavam os cardeais e a mesa sobre a qual repousava o ato de aceitação.

— Entrevista ao fundador do jornal *La Repubblica*, Eugenio Scalfari, 1º de outubro de 2013

Irmãos e irmãs, boa noite! Vocês sabem que era dever do conclave encontrar um bispo para Roma. Parece que meus irmãos cardeais foram aos confins do mundo para conseguir um [...] mas aqui estamos [...]. E, agora, iniciamos esta viagem: o bispo e o povo. Essa jornada da Igreja de Roma que, fundamentada na caridade, preside todas as Igrejas. Uma viagem de fraternidade, amor, confiança entre nós. Oremos sempre uns pelos outros. Rezemos pelo mundo inteiro para que se estabeleça um grande espírito de fraternidade [...]. E agora eu gostaria de abençoá-los, mas, primeiro, peço um favor: antes de o bispo abençoar seu rebanho, peço que rezem ao Senhor para que Ele me abençoe: a oração do povo para pedir a bênção para o seu bispo. Façamos, em silêncio, esta oração: a oração por mim.

— Primeiras bênção e mensagem do Papa Francisco a Roma e ao mundo, proferida da varanda da Basílica de São Pedro, 13 de março de 2013

Obrigado a todos por seus votos acolhedores pelo meu aniversário. Por favor, continuem orando por mim.

— Tuíte, 17 de março de 2014

Eu vou voltar de ônibus porque eu vim para cá de ônibus com todos vocês. Eu vou voltar no ônibus.

— Papa Francisco recusa a limusine papal após sua eleição. Em vez disso, embarca num ônibus circular com os cardeais para retornar à Casa Santa Marta, 13 de março de 2013

Durante a eleição, eu tinha ao meu ao lado o arcebispo emérito de São Paulo... um grande amigo [...]. E quando os votos chegaram a dois terços houve o aplauso de costume, porque o Papa tinha sido eleito. Ele me deu um abraço e um beijo, e disse: "Não se esqueça dos pobres". E aquelas palavras entraram na minha cabeça: os pobres, os pobres. Então, imediatamente, pensando nos pobres, recordei-me de Francisco de Assis. Depois, enquanto os votos ainda eram contados, pensei em todas as guerras. Francisco é também o homem da paz. Foi assim que o nome entrou em meu coração: Francisco de Assis.

— Papa Francisco a respeito da escolha de seu nome, conferência de imprensa do Vaticano, 16 de março de 2013

Para mim, o homem da pobreza, o homem da paz, o homem que ama e protege a criação; nos dias de hoje não temos um relacionamento muito bom com a criação, não é? Ele é o homem que nos traz esse espírito de paz, o homem pobre [...]. Como eu gostaria de uma Igreja pobre e para os pobres!

— Conferência de imprensa do Vaticano, 16 de março de 2013

Meu desejo é o de que todos nós, depois desses dias de graça, tenhamos a coragem, sim, a coragem, de caminhar na presença do Senhor, carregando a Cruz do Senhor; de edificar a Igreja sobre o sangue do Senhor, que foi derramado na Cruz; e de professarmos a glória: o Cristo crucificado. E, desse modo, a Igreja caminhará para a frente. Minha prece por todos nós é a de que o Espírito Santo, por intercessão da Bem-Aventurada Virgem Maria, nossa Mãe, conceda-nos esta graça: caminhar, construir e professar Jesus Cristo crucificado. Amém.

— Missa com os cardeais eleitores, 14 de março de 2013

Nunca nos esqueçamos de que o verdadeiro poder é o serviço, e que também o Papa, ao exercer o poder, deve adentrar cada vez mais plenamente no serviço, que tem o seu ponto máximo na Cruz radiante. Ele deve ser inspirado pelo serviço humilde, concreto e fiel que marcou São José, e, como ele, deve abrir os braços para proteger todo o povo de Deus e abraçar com terna afeição toda a humanidade, especialmente os mais pobres, os mais fracos, os que dispõem de menor poder...

— Homilia, Missa inaugural, 19 de março de 2013

Este sou eu, um pecador a quem o Senhor voltou seu olhar. Foi isso o que eu disse quando me perguntaram se eu aceitaria a minha nomeação como pontífice. Eu sou um pecador, mas confio na infinita misericórdia e na paciência de nosso Senhor Jesus Cristo, e eu a aceito em espírito de penitência.

— Entrevista ao padre Antonio Spadaro, Companhia de Jesus, editor-chefe da revista *La Civiltà Cattolica*, agosto-setembro/2013

Cristo é o Pastor da Igreja, mas a presença dEle na história intervém na liberdade dos seres humanos; dentre eles, um deve ser escolhido para servir como seu Vigário, o Sucessor do Apóstolo Pedro.

— Conferência de imprensa do Vaticano, 16 de março de 2013

Eu sou o Bispo de Roma e o Papa do mundo católico. Minha primeira decisão foi a de nomear um grupo de oito cardeais para serem meus conselheiros. Não bajuladores, mas pessoas sábias que compartilham dos meus sentimentos. Esse é o início de uma Igreja cuja organização não se dá apenas de cima para baixo, mas também com estrutura horizontal.

— Entrevista ao fundador do jornal *La Repubblica*, Eugenio Scalfari, 1º de outubro de 2013

Retratar o papa como um tipo de super-homem, uma espécie de estrela, parece ofensivo para mim. O papa é um homem que ri, chora, dorme tranquilamente e tem amigos como todos os outros; é uma pessoa normal.

— Entrevista para o jornal *Corriere della Sera*, março de 2014

Ajudar uns aos outros: é isso o que Jesus nos ensina, e é isso o que eu estou fazendo – e fazendo com todo o meu coração – porque é o meu dever. Como sacerdote e bispo, eu devo estar a seu serviço. No entanto, esse é um dever que vem do meu coração. Eu adoro isso.

— Homilia, Quinta-feira Santa, 28 de março de 2013

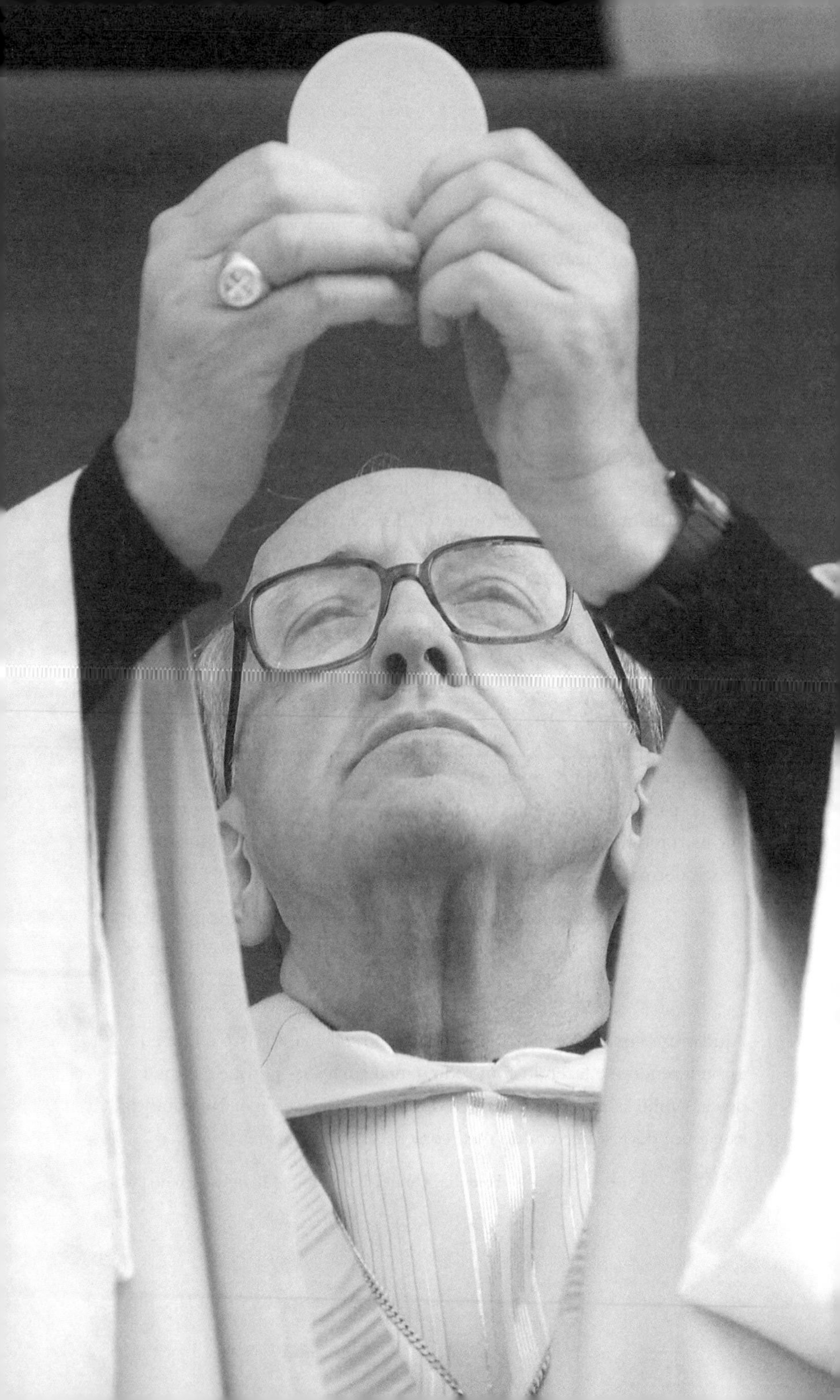

DEUS PAI, FILHO E ESPÍRITO SANTO

Deus não nos espera ir até Ele, é Ele que se move em direção a nós, sem planejamento, sem limitação. Deus é assim. Ele sempre dá o primeiro passo; Ele vem em nossa direção.

— Primeira Audiência Geral do Papa Francisco, 27 de março de 2013

Deus se faz sentir no coração de cada pessoa. Ele também respeita a cultura de todos os povos. Cada nação pega essa visão de Deus e a traduz de acordo com sua cultura, a elabora, a purifica e fornece a ela um sistema. Algumas culturas são primitivas em suas explicações, mas Deus está aberto a todas as pessoas. Ele chama a todos. Ele faz todos se moverem para buscá-Lo e descobri-Lo por meio da criação.

— *Sobre o Céu e a Terra – O que pensa o novo Papa Francisco sobre a família, a fé e o papel da igreja no século XXI*,[3] por Jorge Mario Bergoglio e Abraham Skorka

Deus pensa como o samaritano, que não passou pelo homem desventurado sentindo pena dele ou olhando-o do outro lado da estrada, mas o ajudou sem pedir nada em troca; sem perguntar se ele era um judeu, um pagão ou um samaritano, se era rico ou pobre: Ele não pediu nada. Ele o ajudou: Deus é assim.

— Audiência Geral, 27 de março de 2013

Os sacramentos, sobretudo a Confissão e a Eucaristia, são momentos privilegiados para o encontro com o Cristo.

— Tuíte, 8 de fevereiro de 2014

[3] São Paulo: Paralela, 2013. (N.T.)

E eu acredito em Deus, não em um Deus católico, não há um Deus católico, há um Deus, e eu acredito em Jesus Cristo, a Sua encarnação. Jesus é meu professor e meu pastor, mas Deus, o Pai, Aba, é a Luz e o Criador. Este é o meu Ser.

— Entrevista ao fundador do jornal *La Repubblica*,
Eugenio Scalfari, 1º de outubro de 2013

"Deus é amor." Não um amor sentimental ou emocional, mas o amor do Pai que é a origem de toda a vida, o amor do Filho que morre na cruz e é ressuscitado, o amor do Espírito que renova os seres humanos e o próprio mundo. Pensar que Deus é amor nos faz muito bem, porque nos ensina a amar, a nos devotar aos outros como Jesus Se devotou a nós e continua a caminhar conosco. Jesus caminha ao nosso lado na estrada da vida.

— Discurso no Ângelus,[4] 26 de maio de 2013

Lembremo-nos: o julgamento de Deus para conosco se dá por Seu amor por nós. Se eu abraço Seu amor, estou salvo; se eu O recuso, estou condenado, não por Ele, mas por mim mesmo, porque Deus nunca condena; Ele somente ama e salva.

— Discurso na Jornada Mundial da Juventude, 26 de julho de 2013

[4] Oração do meio-dia; Anunciação do Anjo do Senhor à Virgem Maria. (N.T.)

Jesus é a nossa esperança. Nada – nem mesmo o mal ou a morte – é capaz de nos separar do poder salvador do Seu amor.

— Tuíte, 22 de março de 2014

Jesus é a encarnação do Deus Vivo, Aquele que traz a vida em meio a tantas obras de morte, entre o pecado, o egoísmo e a ensimesmação. Jesus aceita, ama, edifica, incentiva, perdoa, restaura a capacidade de andar, devolve a vida.

— Homilia, 16 de junho de 2013

Jesus é chamado de Cordeiro: Ele é o Cordeiro que tira o pecado do mundo. Alguém poderia pensar: mas como pode um cordeiro, que é tão frágil, um frágil cordeirinho, tirar tantos pecados, tanta maldade? Com Amor. Com sua mansidão. Jesus nunca deixou de ser um cordeiro: manso, bom, cheio de amor, próximo dos pequenos e dos pobres. Ele estava lá, entre as pessoas, curando todos, ensinando, orando. Jesus, tão frágil, como um cordeiro. No entanto, Ele teve a força para levar todos os nossos pecados Consigo, todos eles.

— Homilia, 19 de janeiro de 2014

O que é mais importante? Jesus. Se seguirmos em frente com nossos planos, com outras coisas, com coisas bonitas, mas sem Jesus, não realizaremos nenhum progresso; nada funcionará. Jesus é mais importante.

— Discurso, vigília de Pentecostes com os movimentos eclesiásticos, 18 de maio de 2013

Aquele que encontra Jesus Cristo sente o impulso para testemunhá-Lo ou para dar testemunho do que Ele enfrentou, e essa é a vocação cristã.

— Palestra, 2001

O que significa a ressurreição de Jesus? Significa que o amor de Deus é mais forte que o mal e a própria morte; significa que o amor de Deus pode transformar nossa vida e fazer os lugares desérticos de nosso coração florescerem. O amor de Deus é capaz de fazer isso!

— Mensagem do Domingo de Páscoa, 31 de março de 2013

Perguntem-se: Quantas vezes Jesus está dentro de nós, batendo à nossa porta para se manifestar, para se revelar? E nós não deixamos que Ele assuma o controle por causa de nossa necessidade de segurança; porque muitas vezes estamos presos em estruturas efêmeras que servem apenas para nos tornar escravos, em vez de crianças livres de Deus.

— Discurso, vigília de Pentecostes com os movimentos eclesiásticos, 18 de maio de 2013

Para transformar a história, uma revolução deve mudar profundamente os corações humanos. As revoluções que ocorreram ao longo dos séculos mudaram sistemas políticos e econômicos, mas nenhuma delas de fato transformou o coração humano. Somente Jesus Cristo realizou a verdadeira revolução; a que transforma radicalmente a vida; a que, com Sua ressurreição, como Bento XVI gosta de lembrar, foi "a maior 'transmutação' na história da humanidade", deu à luz um novo mundo.

— Discurso no Congresso Eclesiástico de Roma, 17 de junho de 2013

Acho que também somos pessoas que, por um lado, querem ouvir Jesus, mas, por outro, às vezes querem achar um pedaço de pau para bater nos outros, para condená-los. E Jesus tem essa mensagem para nós: misericórdia. Eu acho – e digo com humildade – que essa é a mensagem mais poderosa do Senhor: misericórdia.

— Homilia, 17 de março de 2013

Por que a Cruz? Porque Jesus toma sobre Si o mal, a sujeira, o pecado do mundo, incluindo os nossos pecados, e Ele limpa o mundo, Ele o purifica com o Seu sangue, com a misericórdia e o amor de Deus [...]. Jesus na Cruz sente todo o peso do mal, e com a força do amor de Deus Ele o supera, Ele o vence com Sua ressurreição.

— Homilia, Domingo de Ramos e Jornada Mundial da Juventude, 24 de março de 2013

Para seguir e acompanhar o Cristo, para nos manter com Ele, precisamos "sair de nós mesmos" [...] abandonar essa maneira triste de vivenciar a fé – que se tornou um hábito –, renunciar à tentação de nos refugiar em nossos planos, o que resulta na supressão da ação criadora de Deus.

— Audiência Geral, 27 de março de 2013

Cristo é o ponto de referência fundamental, o coração da Igreja. Sem Ele, Pedro e a Igreja não existiriam, tampouco teriam motivo para existir.

— Conferência de imprensa do Vaticano, 16 de março de 2013

O Espírito Santo parece criar alvoroço na Igreja, tendo em vista que Ele traz a diversidade de carismas[5] e dons; entretanto, por sua própria ação, tudo isso se revela uma grande fonte de riqueza, uma vez que o Espírito Santo é o Espírito da unidade – o que não significa uniformidade – que devolve a harmonia a tudo.

— Homilia, Pentecostes, 19 de maio de 2013

O Espírito Santo é a alma da Igreja, com Seu poder de vitalização e Sua força unificadora. De muitos Ele faz um corpo único – o Corpo místico do Cristo.

— Discurso aos cardeais, 15 de março de 2013

É o Espírito Paráclito,[6] o "Consolador", que nos concede a coragem de tomar as ruas do mundo levando conosco o Evangelho! O Espírito Santo nos faz olhar para o horizonte e nos leva aos limites da existência a fim de proclamarmos a vida em Jesus Cristo. Perguntemo-nos: ficaremos fechados em nós mesmos, em nosso grupo, ou vamos deixar que o Espírito Santo nos desperte para a missão?

— Homilia, Pentecostes, 19 de maio de 2013

[5] De acordo com o *Dicionário Aulete Digital*, dom divino concedido a uma pessoa ou a um grupo de pessoas, para o bem da comunidade religiosa. (N.T.)

[6] Ou Paracleto. Significa "aquele que consola ou conforta; aquele que encoraja e reanima; aquele que revive; aquele que intercede em nosso favor como um defensor numa corte". No cristianismo, o termo é utilizado para se referir ao Espírito Santo. (N.T.)

AMOR

O amor é a maior força para a transformação da realidade porque ele põe abaixo as paredes do egoísmo e preenche as distâncias que nos mantêm separados. Esse é o amor que vem de um coração transformado, de um coração de pedra que se transmutou em um coração de carne, um coração humano.

— Discurso no Ângelus, 17 de junho de 2013

Estou pensando no que Santo Inácio nos disse [...] Ele ressaltou dois critérios sobre o amor. O primeiro: o amor é expresso mais claramente em ações do que em palavras. O segundo: o amor oferecido é maior que o recebido.

— Meditação da manhã, sexta-feira, 7 de junho de 2013

O amor compartilha tudo o que possui e se revela na comunicação. Não há fé verdadeira que não se manifeste no amor. E o amor não é amor cristão se não for generoso e concreto. Um amor decididamente generoso é um sinal de fé e um convite à fé. Quando nos preocupamos com as necessidades de nossos irmãos e nossas irmãs, como fez o bom samaritano, estamos proclamando o Reino e tornando-o presente.

— Carta de Quaresma do cardeal Bergoglio, 22 de fevereiro de 2012

Vocês nos dizem que amar a Deus e ao próximo não é algo abstrato, mas profundamente concreto: isso significa ver em cada pessoa a face do Senhor para ser servido, para servi-Lo de maneira tangível. E vocês são, queridos irmãos e irmãs, a face de Jesus.

— Discurso durante visita a abrigo, 21 de maio de 2013

A pior coisa que pode nos acontecer é ficarmos sem amor, procurando atender apenas aos nossos interesses. Maria é a mulher de amor. Sem amor não há espaço para a vida. Sem amor há egoísmo e cada um se fecha em si, mimando a si mesmo. Hoje pedimos amor a Maria para atendermos à vida. Amor e coragem!

— Homilia, 25 de maio de 2012

Nós já sabemos aonde a ganância voraz pelo poder, a imposição absoluta das ideias de uma só pessoa e a rejeição aos que pensam de modo diferente podem nos levar: a um entorpecimento da consciência e ao abandono. Somente o compromisso do amor em toda a sua simplicidade – constante, humilde, modesto, porém convicto e comprometido com os outros – pode nos salvar.

— Homilia, 25 de maio de 2012

Estabelecer o amor é uma obra de artesãos hábeis, trabalho de gente paciente, que faz o máximo para convencer, ouvir e unir as pessoas. Esse trabalho habilidoso é realizado de maneira pacífica e maravilhosa pelos criadores de amor. Trata-se da tarefa de um mediador [...]. O mediador é uma pessoa que, a fim de unir dois lados, paga pessoalmente o preço para fazê-lo. Ele se desgasta durante o processo.

— Homilia, 6 de setembro de 2008

Temos observado que, na sociedade e no mundo em que vivemos, o egocentrismo aumentou mais do que o amor pelo próximo, e que os homens de boa vontade devem trabalhar, cada um com suas forças e seus conhecimentos, para garantir que o amor pelos outros aumente até se igualar e, se possível, exceder o amor-próprio.

— Entrevista ao fundador do jornal *La Repubblica*, Eugenio Scalfari, 1º de outubro de 2013

A maneira como Deus se tornou homem é um grande mistério! Contudo, a razão para isso é Seu amor, um amor que é graça, generosidade, desejo de se aproximar, um amor que não hesita em se oferecer em sacrifício pelo ser amado. Caridade, amor, significa partilhar todas as coisas com quem amamos. O amor nos torna semelhantes, cria igualdade, derruba paredes e elimina distâncias. Deus fez isso com a gente.

— Mensagem de Quaresma, 2014

Jesus quer amar você pelo que você é, mesmo em sua fragilidade e sua fraqueza, para que, movido pelo amor dEle, você possa se renovar.

— Mensagem, 21 de junho de 2013

"Mas, Pai, eu não sei como amar." Ninguém sabe como amar; nós aprendemos todos os dias.

— Homilia, 21 de abril de 2004

Se verdadeiramente amamos o Cristo e sentimos quanto Ele nos ama, nosso coração "se ilumina" com uma alegria que alcança todos ao nosso redor.

— Homilia, Missa na Basílica do Santuário de Nossa Senhora da Conceição, Aparecida, Brasil, 24 de julho de 2013

Cada vez que nos encontramos com um ser humano no amor, tornamo-nos capazes de descobrir algo novo sobre Deus.

— *A alegria do Evangelho*: exortação apostólica,[7] 2013

[7] Disponível em: <http://br.radiovaticana.va/storico/2013/11/26/primeira_exortação_apostólica_de_papa_francisco;_texto_na_%C3%ADntegra_de_e/bra-750057>. Acesso em: 20 abr. 2015. (N.T.)

HUMILDADE E SIMPLICIDADE

A humildade cristã não está no mérito de dizer "Eu não sou importante" e esconder nosso orgulho. Não, a humildade cristã está em dizer a verdade: "Eu sou um pecador".

— Homilia, 24 de março de 2014

A humildade revela seu poder diante da pequenez de nosso autoconhecimento humano. No entanto, quando nos tornarmos mais conscientes de nossos dons e de nossas limitações, também nos tornamos mais livres da cegueira imposta pelo orgulho.

— Homilia, 13 de março de 2013

Alguns dirão: a alegria nasce das posses [...] mas eu digo que realmente me entristece ver um padre ou uma freira com o último modelo de um carro [...]. Eu acho que os carros são necessários porque há muito trabalho a ser feito, e também para se locomover [...], mas escolha um carro mais humilde! E se você gosta do mais bonito, pense em todas as crianças que estão morrendo de fome.

— Discurso a seminaristas e noviços, 6 de julho de 2013

Que tipo de rei é Jesus? Vamos dar uma olhada nEle: Ele monta um jumento, não é acompanhado por uma corte, não é rodeado por um exército como um símbolo de poder. Ele é recebido por pessoas humildes, gente simples que tem a sensibilidade de enxergar algo mais em Jesus.

— Homilia, Domingo de Ramos e Jornada Mundial da Juventude, 24 de março de 2013

Bento XVI, com grande sabedoria, muitas vezes advertiu a Igreja que, embora o homem frequentemente equipare autoridade aos conceitos de controle, domínio e sucesso, para Deus autoridade sempre será sinônimo de serviço, humildade, amor; isso significa assemelhar-se a Jesus, que se ajoelha para lavar os pés dos apóstolos.

— Discurso, 8 de maio de 2013

Minhas escolhas, incluindo as relacionadas aos aspectos do dia a dia da vida, como, por exemplo, o uso de um carro modesto, estão relacionadas a um discernimento espiritual que responde a uma necessidade oriunda da observação das coisas e das pessoas e da leitura dos sinais dos tempos. O discernimento no Senhor me guia em minha maneira de governar.

— Entrevista ao padre Antonio Spadaro, Companhia de Jesus, editor-chefe da revista *La Civiltà Cattolica*, agosto-setembro/2013

Isso é humildade, esse é o caminho da humildade: sentirmo-nos tão marginalizados que precisamos da salvação do Senhor. Somente Ele nos salva, não a nossa observância da lei.

— **Homilia, 24 março de 2014**

O Jesus fraco e insignificante aos olhos dos políticos e dos poderosos da terra revolucionou o mundo.

— **Homilia, 25 de maio de 2012**

O poder real é encontrado no serviço. Um bom exemplo é Jesus, que não veio para ser servido, mas para servir. Seu serviço foi observado na Cruz. Ele se humilhou até a morte; Ele morreu na Cruz por nós, para nos servir, para nos salvar. É com esse caminho que a Igreja se move para a frente. Para o cristão, manter-se à frente, progredir, também significa humilhar a si mesmo. Se nós não aprendermos essa regra cristã, nunca, nunca seremos capazes de entender a verdadeira mensagem de Jesus a respeito do poder.

— **Homilia, 21 de maio de 2013**

Se eles estão com fome, mães, alimentem-nos, não pensem duas vezes. Porque eles são as pessoas mais importantes aqui.

— Papa Francisco recomendando às mães que se sentissem à vontade para amamentar seus bebês durante um batismo na Capela Sistina, 12 de janeiro de 2014

Ele não vai nos encontrar no centro de nossas certezas. Não é nesse lugar que o Senhor olha. Ele nos encontra nas margens da vida, em nossos pecados, em nossos erros, em nossa necessidade de cura espiritual, de salvação; é nesses lugares que o Senhor vai nos encontrar.

— Homilia, 24 março de 2014

Um estilo de vida simples é bom para nós, pois nos ajuda a partilhar melhor com os necessitados.

— Tuíte, 24 de abril de 2014

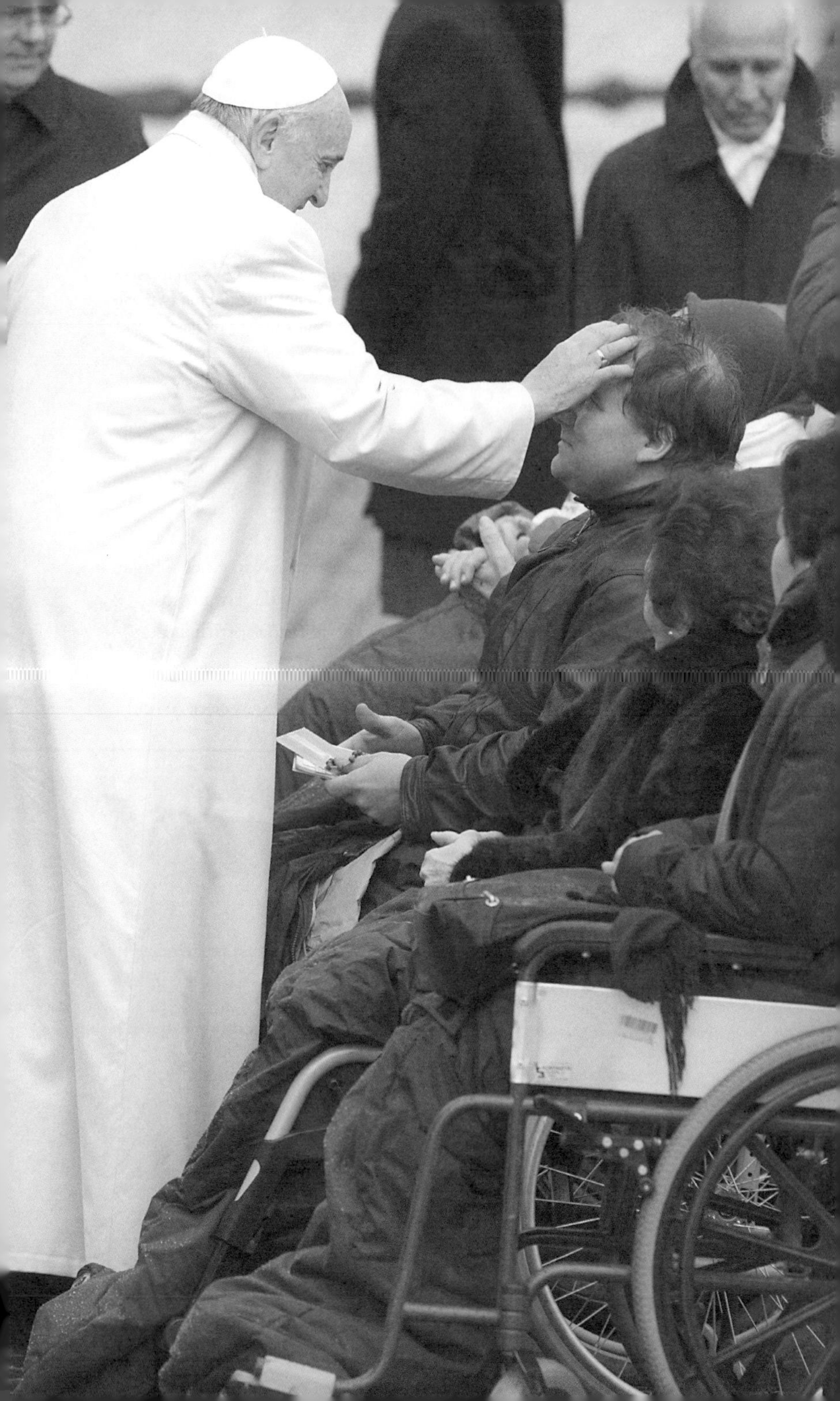

ORAÇÃO, FÉ E ESPERANÇA

Milagres acontecem, mas a oração é necessária! A oração corajosa, empenhada e perseverante, não a oração que é apenas mera formalidade.

— Tuíte, 24 de maio de 2013

É fácil pedir coisas a Deus; todos fazemos isso. Quando vamos aprender também a agradecer-lhe e a adorá-Lo?

— Tuíte, 25 de janeiro de 2014

Quando refletimos sobre Jesus, percebemos que, antes de tomar qualquer decisão ou de participar de qualquer evento importante, Ele se recolhia em oração intensa e prolongada. Cultivemos a dimensão contemplativa, mesmo em meio ao turbilhão de tarefas mais urgentes e árduas. E quanto mais a missão chamar você em direção às margens da existência, una seu coração intimamente ao coração do Cristo, cheio de misericórdia e de amor.

**— Homilia, Missa com seminaristas
e noviços, 7 de julho de 2013**

Esta é uma oração que devemos fazer todos os dias: "Espírito Santo, abra meu coração para a palavra de Deus, abra meu coração para a bondade, abra meu coração para a beleza de Deus todos os dias.". Eu gostaria de fazer uma pergunta a todos: quantos de vocês rezam todos os dias ao Espírito Santo? Não são muitos, mas devemos realizar o desejo de Jesus e orar todos os dias ao Espírito Santo para que Ele abra nosso coração para Jesus.

— Homilia, 15 de maio de 2013

E neste mês de maio, eu gostaria de lembrar a importância e a beleza da oração do Santo Rosário. Ao recitarmos a Ave-Maria somos levados a contemplar os mistérios de Jesus, a refletir sobre os principais momentos de Sua vida, de modo que, como Maria e São José, Ele se torne o centro de nossos pensamentos, de nossa atenção e de nossas ações.

— Homilia, 1º de maio de 2013

Em nossa vida cristã também, queridos irmãos e irmãs, a oração e a ação devem estar sempre profundamente unidas. Uma oração que não o leva a agir em benefício de um irmão – o pobre, o doente, o que necessita de ajuda, um irmão em dificuldade – é uma oração estéril e incompleta. Contudo, da mesma maneira, quando o serviço eclesiástico atenta apenas à realização, as coisas ganham em importância, funções, estruturas, mas nos esquecemos da centralidade no Cristo. Quando não reservamos tempo para o diálogo com Ele na oração, corremos o risco de servir a nós mesmos, e não ao Deus presente em nosso irmão e nossa irmã necessitados.

— Discurso no Ângelus, 21 de julho de 2013

A fé não é uma luz que dissipa todas as nossas trevas, mas uma lâmpada que guia nossos passos na noite e é suficiente para a jornada. Os que sofrem acham que Deus não oferece argumentos que expliquem tudo; em vez disso, Sua resposta é uma presença que acompanha, uma história de bondade que toca cada sofrimento e abre um raio de luz.

— *Lumen Fidei*, 2013

Fé significa escolher Deus como critério e base de vida – e Deus não é vazio, Deus não é neutro, Deus é sempre positivo, Deus é amor e o amor é positivo!

— Discurso no Ângelus, 11 de agosto de 2013

Não devemos nos deixar cair no vórtice do pessimismo. A fé é capaz de mover montanhas!

— Tuíte, 25 de abril de 2014

A fé não é refúgio para os covardes, mas algo que melhora nossa vida. Ela nos conscientiza de um chamado magnificente, a vocação do amor. Ela nos assegura que esse amor é digno de confiança e que vale a pena abraçá-lo, pois se baseia na fidelidade de Deus, que é mais forte que todas as nossas fraquezas.

— *Lumen Fidei*, 2013

Vamos lembrar: não se pode anunciar o Evangelho de Jesus sem testemunhá-lo de maneira tangível na própria vida. Aqueles que nos ouvem e observam devem ser capazes de enxergar em nossas ações o que ouvem de nossos lábios, e, assim, dar glória a Deus! Estou pensando agora num conselho que São Francisco de Assis deu a seus irmãos: "Preguem o Evangelho e, se necessário, usem palavras". [Pregue] com sua vida, com seu testemunho.

— Homilia, 14 de abril de 2013

A oração sempre alcança Deus, contanto que ela venha do coração.

— Homilia, 5 de junho de 2013

Não tenha medo de viver a fé! Seja testemunha do Cristo em seu ambiente diário, com simplicidade e coragem. Acima de tudo, seja capaz de mostrar a quem você encontra, seus pares, a face da misericórdia e do amor de Deus que sempre perdoa, incentiva e infunde esperança.

— Mensagem, 21 de junho de 2013

Quanta gente triste, quantas pessoas tristes e sem esperança! [...] Elas tentaram tantas coisas, e a sociedade, que é cruel – é cruel! –, não pode lhes dar esperança. A esperança é como a graça: não pode ser comprada, é um dom de Deus. Temos de oferecer esperança cristã com nosso testemunho, com nossa liberdade e nossa alegria. O presente oferecido pelo Deus da graça dá esperança.

— Discurso no Congresso Eclesiástico da Diocese de Roma, 17 de junho de 2013

É melhor não confundir otimismo com esperança. O otimismo é uma atitude psicológica em relação à vida. A esperança vai mais longe. É uma âncora que se lança para o futuro; é o que lhe permite puxar a corda e alcançar o que você está buscando [...]

— *El Jesuita*, 2010

Na autenticidade da nossa esperança sabemos como descobrir, na vida diária, as grandes ou as pequenas razões para reconhecer os dons de Deus, para celebrar a vida, para sair do ciclo do "dever" e do "ter de" a fim de encontrar a alegria de ser sementes de uma nova criação.

— *Inspiration from Pope Francis*, compilado por Maria Gabriela Flores, Filhas de São Paulo (FSP)

Proteger a criação, proteger cada homem e cada mulher, olhar para eles com ternura e amor é abrir um horizonte de esperança; é deixar um raio de luz atravessar as nuvens pesadas e inspirar o calor da esperança!

— Homilia, Missa Inaugural, 19 de março de 2013

Sigamos Jesus! Nós acompanhamos, seguimos Jesus, mas, acima de tudo, sabemos que Ele nos acompanha e nos carrega em Seus ombros. Essa é a nossa alegria, essa é a esperança que temos de trazer a este mundo. Por favor, não deixem que roubem sua esperança! Não deixem que a esperança seja roubada! A esperança que Jesus nos dá!

— Homilia, Domingo de Ramos e Jornada Mundial da Juventude, 24 de março de 2013

SERVIR A DEUS

Você, você é corajoso o suficiente para isso, você tem a coragem de ouvir a voz de Jesus? É belo ser missionários! [...] Todos devem ser missionários, todos podem ouvir esse apelo de Jesus e proclamar o Reino!

— Discurso no Ângelus, 7 de julho de 2013

Esse gesto é um convite ao coração de cada cristão, porque nós nunca perdemos se imitamos Jesus, se nós [...] servimos os nossos irmãos que sofrem.

— Papa Francisco a respeito de lavar os pés dos pacientes com aids, como relatado no *Wall Street Journal*, 14 de março de 2013

Queridos irmãos e irmãs, a Igreja ama vocês! Sejam uma presença ativa na comunidade, como células vivas, como pedras vivas.

— Homilia, 5 de maio de 2013

O Evangelho é para todos! Alcançar o pobre não significa que devemos nos tornar "paladinos da pobreza" ou, por assim dizer, "errantes espirituais"! Não, não significa isso! Quer dizer que devemos estender a mão ao corpo de Jesus que está sofrendo na pobreza, mas também àquele que sofre sem conhecê-Lo, independentemente de seu grau de estudo, de seu nível de inteligência e de sua cultura. Temos de ir até lá!

— Discurso no Congresso Eclesiástico da Diocese de Roma, 17 de junho de 2013

Aqueles que abriram o coração ao amor de Deus, ouviram a voz dEle e receberam Sua luz não podem manter esse presente para si. Tendo em vista que a fé se revela no ouvir e no ver, ela também é transmitida pela palavra e na forma de luz.

— ***Lumen Fidei*, 2013**

Perguntemo-nos: como faço para seguir Jesus? Jesus fala silenciosamente no Mistério da Eucaristia. Ele nos lembra todas as vezes de que segui-Lo significa sair de nós mesmos e não considerar a vida como um bem nosso, mas como um presente para Ele e para os outros.

— **Homilia, 30 de maio de 2013**

Uma das tentações mais graves que sufoca nossa coragem e nosso entusiasmo é o derrotismo, que nos transforma em pessimistas queixosos e desiludidos, em pessoas mal-humoradas.

— ***A alegria do Evangelho:* exortação apostólica, 2013**

Um evangelizador nunca deve parecer que acabou de voltar de um funeral.

— ***A alegria do Evangelho:* exortação apostólica, 2013**

No Evangelho encontramos a bela passagem que nos fala do pastor que, ao voltar ao aprisco e perceber que uma ovelha está faltando, deixa as 99 e vai procurar [...] aquela uma. No entanto, irmãos e irmãs, nós temos uma. São as outras 99 que estão faltando! Temos de buscá-las. [...] devemos pedir ao Senhor a graça da generosidade, a coragem e a paciência para sair, para sair e anunciar o Evangelho.
Esta é precisamente a razão da insatisfação de alguns, que acabam tristes – padres tristes – em certo sentido, tornando-se colecionadores de antiguidades ou novidades, em vez de ser pastores com "o odor das ovelhas". Eu lhes peço: sejam pastores com o "odor das ovelhas", transformem isso em realidade, como pastores entre seu rebanho, pescadores de homens.

— Homilia, 28 de março de 2013

Em nossa região eclesiástica há sacerdotes que não batizam os filhos de mães solteiras porque estes não foram concebidos na santidade do casamento. São os hipócritas de hoje. Aqueles que clericalizam a Igreja. Aqueles que excluem da salvação o povo de Deus. E essa pobre menina que, em vez de devolver a criança ao remetente, teve a coragem de trazê-la ao mundo deve peregrinar de paróquia em paróquia para que seu filho seja batizado!

— Homilia, 2 de setembro de 2012

Para ser um sacerdote aberto é necessário ser capaz de ouvir enquanto permanece firme em suas convicções.

— Carta aos sacerdotes da arquidiocese, 1º de outubro de 1999

Costumo dizer aos sacerdotes que eles não devem ser muito severos nem excessivamente indulgentes quando estão no confessionário. O disciplinador é aquele que aplica as regras sem pensar duas vezes – "A lei diz isso e é assim que deve ser". O leniente as deixa para lá – "Tudo bem, sei lá, a vida é assim, siga em frente". [...] "Mas então, padre, o que devemos fazer?", eles me perguntam. E eu lhes respondo: "Sejam compassivos".

— *Papa Francisco:* conversas com Jorge Bergoglio,[8] editado por Francesca Ambrogetti e Sergio Rubin

Um bom sacerdote pode ser reconhecido pela forma como seus fiéis são ungidos: essa é uma prova clara. Quando nosso rebanho é ungido com o óleo da alegria, a repercussão é óbvia: eles saem da missa aparentando ter ouvido uma boa notícia [...]. As pessoas nos agradecem porque sentem que nós oramos pela realidade da vida cotidiana delas, por seus problemas, suas alegrias, suas dificuldades e suas esperanças.

— Homilia, 28 de março de 2013

A formação [de sacerdotes] é uma obra de arte, não uma ação policial. Devemos moldar o coração deles, caso contrário, estaremos criando monstrinhos. E esses monstrinhos moldam o povo de Deus. Isso realmente me dá arrepios.

— Discurso aos líderes de ordens religiosas masculinas reunidos em Roma, 29 de novembro de 2013

---

[8] Rio de Janeiro: Verus, 2013. (N.T.)

Não podemos ser cristãos engomados, cristãos refinados que falam de assuntos teológicos como se estivessem calmamente saboreando um chá. Não! Devemos nos tornar cristãos corajosos e ir em busca das pessoas que são o corpo do Cristo, aqueles que são o corpo do Cristo!

— Discurso, vigília de Pentecostes com os movimentos eclesiásticos, 18 de maio de 2013

A preparação para a pregação é uma tarefa tão importante que devemos dedicar a ela um tempo prolongado de estudo, oração, reflexão e criatividade pastoral. [...] um evangelizador que não se prepara não é "espiritual"; ele é desonesto e irresponsável com os dons que recebeu.

— *A alegria do Evangelho:* exortação apostólica, 2013

Quem teria a pretensão de se fechar em uma igreja e calar a mensagem de São Francisco de Assis ou a de Madre Teresa de Calcutá? Eles mesmos achariam isso inaceitável. A fé autêntica – que nunca é confortável ou completamente pessoal – sempre envolve um profundo desejo de mudar o mundo, de transmitir valores e, de algum modo, de deixar esta terra melhor do que a encontramos.

— *A alegria do Evangelho:* exortação apostólica, 2013

Ser discípulo significa estar constantemente pronto para levar o amor de Jesus aos outros, e isso pode acontecer inesperadamente e em qualquer lugar: na rua, em uma praça da cidade, durante o trabalho, em uma viagem.

— ***A alegria do Evangelho:* exortação apostólica, 2013**

Encontramos as chagas de Jesus na realização de obras de misericórdia ao corpo – à alma também, mas, eu insisto, ao corpo – de nossos irmãos e irmãs feridos, porque eles estão com fome, porque eles estão com sede, porque eles estão nus, porque eles são humilhados, porque eles são escravos, porque eles estão na cadeia, porque eles estão nos hospitais. Essas são as chagas de Jesus hoje.

— **Homilia, 3 de julho de 2013**

Em fidelidade ao Evangelho e em resposta às necessidades urgentes da atualidade, somos chamados a ir ao encontro daqueles que se acham nas periferias existenciais de nossa sociedade e a mostrar solidariedade especial aos nossos irmãos e irmãs mais vulneráveis: os pobres, os deficientes, os nascituros e os doentes, os migrantes e refugiados, os idosos e os jovens que não têm emprego.

— **Mensagem ao Cardeal Kurt Koch, por ocasião da 10ª Assembleia Geral do Conselho Mundial de Igrejas, 4 de outubro de 2013**

Devemos nos preparar para o combate espiritual. Isso é importante. É impossível pregar o Evangelho sem essa batalha espiritual, uma batalha diária contra a tristeza, contra a amargura, contra o pessimismo; uma batalha diária!

— Discurso no Congresso Eclesiástico da Diocese de Roma, 17 de junho de 2013

O cardinalato é um serviço – não é um prêmio do qual alguém deva se gabar. A demonstração de vaidade é uma atitude que reduz a espiritualidade a algo mundano, que é o pior pecado que a Igreja pode cometer [...]. Um exemplo que uso frequentemente para ilustrar a realidade da vaidade é este: observe o pavão; ele é lindo, se você olha para ele de frente. Se, porém, o observar por trás você se dará conta da realidade [...] Quem se dá a tal vaidade egocêntrica possui enorme miséria escondida dentro de si.

— *National Catholic Reporter*, "Francis: What is in a name?" ("Francisco: O que há em um nome?"), por Thomas Reese, 13 de março de 2013

Sou a favor de manter o celibato, com seus prós e seus contras, porque durante dez séculos tivemos maior frequência de experiências boas do que ruins.

— *Sobre o Céu e a Terra – O que pensa o novo Papa Francisco sobre a família, a fé e o papel da igreja no século XXI*, por Jorge Mario Bergoglio e Abraham Skorka

Nunca cedamos ao pessimismo, àquela amargura com que o diabo nos tenta todos os dias. Não cedamos ao pessimismo, e não nos desencorajemos. Temos a certeza de que o Espírito Santo dá à sua Igreja, com seu poderoso sopro, a coragem para perseverar; a coragem para perseverar e para procurar novas maneiras de evangelizar, de levar o Evangelho até os confins da terra.

— Discurso para o Colégio dos Cardeais, 15 de março de 2013

Que você esteja sempre atento à caridade. Cada comunidade e cada cristão é um missionário na medida em que leva o Evangelho aos outros e o vive, testemunha o amor de Deus por todos, especialmente pelos que experimentam dificuldades. Sejam todos missionários do amor e da ternura de Deus!

— Homilia, 5 de maio de 2013

JUSTIÇA SOCIAL

Estamos diante de um escândalo global de cerca de 1 bilhão – 1 bilhão de pessoas que ainda sofrem de fome hoje. Não podemos olhar para o outro lado e fingir que isso não existe. A comida disponível no mundo é suficiente para alimentar a todos.

— Mensagem de vídeo que lançava uma campanha contra a fome, 9 de dezembro de 2013

A fartura dos atuais níveis de produção de alimentos é um fato bem conhecido, no entanto, milhões de pessoas ainda estão sofrendo e morrendo de fome. Isso, queridos amigos, é verdadeiramente escandaloso. Uma maneira deve ser encontrada para que todos possam se beneficiar dos frutos da terra, e não apenas para fechar a lacuna entre o afluente e o miserável com as migalhas que caem da mesa, mas, acima de tudo, para satisfazer às exigências da justiça, da igualdade e do respeito por todos os seres humanos.

— Discurso na Conferência da Organização das Nações Unidas para a Alimentação e a Agricultura, 20 de junho de 2013

Homens e mulheres são sacrificados em prol dos ícones do lucro e do consumo: é a "cultura do desperdício". Se um computador quebra, é uma tragédia, mas a pobreza, as necessidades e o drama de tantas pessoas acabam sendo considerados normais [...]. Quando o mercado de ações cai dez pontos em algumas cidades, trata-se de uma catástrofe. Alguém que morre não é notícia, mas reduzir o rendimento em dez pontos é uma lástima! Dessa forma as pessoas são deixadas de lado, como se fossem lixo.

— Audiência Geral, 5 de junho de 2013

Algumas pessoas continuam a defender teorias de gotejamento que pressupõem que o crescimento econômico, incentivado por um livre mercado, inevitavelmente resultará na obtenção de mais justiça e inclusão no mundo. Essa opinião, que nunca foi confirmada com fatos, expressa uma confiança tola e ingênua na bondade dos que exercem o poder financeiro e no sacro funcionamento do sistema econômico vigente.

— *A alegria do Evangelho:* exortação apostólica, 2013

Eu encorajo os especialistas financeiros e os líderes políticos de seus países a considerar as palavras de São João Crisóstomo: "Não compartilhar os próprios bens com os pobres é roubá-los e privá-los da vida. Os bens que possuímos não são nossos, mas deles".

— Audiência com embaixadores, 16 de maio de 2013

Nesta cidade são muitos os sacrifícios humanos que matam a dignidade desses homens e dessas mulheres, desses meninos e dessas meninas, vítimas de tráfico e escravidão. Não podemos ficar calados. Esta cidade está cheia de homens e mulheres, meninos e meninas largados pelo caminho, largados pela organização ou pelas organizações que os estão corrompendo, acabando com sua vontade e até os destruindo com drogas. E, então, eles são deixados à própria sorte.

— Homilia, 2010

Assim como o mandamento "Não matarás" estabelece um limite claro a fim de salvaguardar o valor da vida humana, hoje nós também temos de dizer "Não" para uma economia de exclusão e desigualdade. Essa economia mata. Como pode não ser notícia a morte de um idoso morador de rua por exposição às intempéries, mas não deixarem de divulgar a perda de dois pontos no mercado de ações?

— ***A alegria do Evangelho*: exortação apostólica, 2013**

Às vezes eu penso em todas as despesas inerentes ao zelo com um animal de estimação: um dinheiro que poderia ser gasto em comida e educação para uma criança que não tem essas coisas. Nós nos preocupamos com a vida dessas crianças à medida que elas crescem? Nós nos preocupamos com as companhias delas? Será que nos preocupamos em vê-las crescer livres e se tornar adultas?

— **Homilia, 25 de março de 2011**

A sede de poder e de posses não conhece limites. Nesse sistema, que tende a devorar tudo o que se interpõe no caminho do aumento dos lucros, tudo o que é frágil, como o meio ambiente, torna-se indefeso diante dos interesses de um mercado idolatrado, que se torna a única regra.

— ***A alegria do Evangelho*: exortação apostólica, 2013**

À semelhança de nosso Mestre, nós, cristãos, somos chamados a enfrentar a pobreza de nossos irmãos e irmãs, a tocá-la, a assumi-la como nossa e a tomar medidas práticas para aliviá-la.

— Mensagem para a Quaresma, 2014

O dinheiro deve servir, não governar! O papa ama a todos, ricos e pobres, sem distinção, mas o papa tem o dever de, em nome do Cristo, lembrar os ricos de ajudar os pobres, respeitá-los, apoiá-los. O papa apela para a solidariedade desinteressada e para a volta da ética centrada no ser humano em um mundo focado nas finanças e na economia.

— Discurso aos embaixadores não residentes na Santa Sé, 16 de maio de 2013

A natureza, em poucas palavras, está à nossa disposição e nós devemos administrá-la de maneira responsável. No entanto, muitas vezes somos levados pela ganância e pela arrogância do domínio, da posse, da manipulação e da exploração; nós não preservamos a natureza nem a respeitamos ou a consideramos uma dádiva generosa da qual devemos cuidar e colocar a serviço de nossos irmãos e irmãs, incluindo as gerações futuras.

— Mensagem para o Dia Mundial da Paz, 1º de janeiro de 2014

A cada dia, todos enfrentamos a escolha de nos comportar como bons samaritanos ou como viajantes indiferentes.

— Homilia, 25 de maio de 2003

Não é o homem que está no comando hoje, o dinheiro está no comando; é o dinheiro que impõe as regras. Deus, nosso Pai, não nos deu a tarefa de cuidar da terra em benefício do dinheiro, mas em nosso benefício, dos homens e das mulheres: nós temos essa tarefa! Em vez disso, homens e mulheres se sacrificam em prol dos ícones do lucro e do consumo: é a "cultura do desperdício".

— Audiência Geral no Dia Mundial do Meio Ambiente promovido pela Organização das Nações Unidas, 5 de junho de 2013

Por favor, eu gostaria de pedir a todos que detêm cargos de responsabilidade na vida econômica, política e social, e a todos os homens e todas as mulheres de boa vontade: sejamos "protetores" da criação, protetores do plano de Deus inscrito na natureza, protetores uns dos outros e do ambiente.

— Homilia, Missa inaugural, 19 de março de 2013

Uma sociedade que abandona seus filhos e marginaliza seus idosos rompe com as próprias raízes e obscurece o próprio futuro. Sempre que uma criança é abandonada e uma pessoa idosa é marginalizada, não se trata apenas de um ato de injustiça, mas também demonstra o fracasso de uma sociedade. Cuidar de crianças e idosos é a única opção da civilização.

— Discurso na XXI Assembleia Plenária do Pontifício Conselho para a Família, outubro de 2013

Nós não vivemos melhor quando fugimos, quando nos escondemos, quando nos recusamos a compartilhar, quando deixamos de oferecer e nos trancamos em nosso conforto. Esse tipo de vida não significa mais que um suicídio lento.

— *A alegria do Evangelho:* exortação apostólica, 2013

VIDA FAMILIAR

A família é o centro natural da vida humana.

— Discurso na XXI Assembleia Plenária do Pontifício Conselho para a Família, outubro de 2013

Na família, uma pessoa se torna consciente da própria dignidade e, especialmente se sua educação é cristã, reconhece a dignidade de cada ser humano e, de modo especial, a de doentes, fracos e marginalizados.

— Discurso na XXI Assembleia Plenária do Pontifício Conselho para a Família, outubro de 2013

Essas crianças são o elo de uma corrente [...]. Essa é a corrente da fé! O que isso significa? Gostaria de dizer-lhes algo muito importante: vocês são os responsáveis por transmitir a fé, vocês são os transmissores; vocês têm o dever de propagar a fé nessas crianças. Essa é a mais bela herança que vocês vão deixar para elas: a fé! Somente isso. Levem esse pensamento consigo hoje para seus lares. Precisamos ser disseminadores da fé. Pensem nisso, pensem sempre em como transmitir a fé a seus filhos.

— Homilia da Festa do Batismo do Senhor e sobre a administração do batismo, Capela Sistina, 12 de janeiro de 2014

Nenhuma pessoa idosa deve ser tratada como um "exilado" em nossas famílias. Os idosos são um tesouro para nossa sociedade.

— Tuíte, 11 de janeiro de 2014

Na oração do Pai-Nosso, dizemos: "O pão nosso de cada dia nos dai hoje". Os casais também podem aprender a orar: "O amor nosso de cada dia nos dai hoje", ensina-nos a amar um ao outro, a cuidar um do outro. Quanto mais vocês se confiarem ao Senhor, mais o seu amor será "para sempre", capaz de se renovar e de superar todas as dificuldades.

— Discurso para 10 mil casais de noivos na Praça de São Pedro, 14 de fevereiro de 2014

Hoje, há quem diga que o casamento está fora de moda. Está fora de moda? Em uma cultura de relativismo e de efemeridade [...]. Peço-lhes que nadem contra a maré; sim, eu estou pedindo que vocês se rebelem contra essa cultura que encara tudo como temporário e que, por fim, acredita que você é incapaz de ser responsável, que você é incapaz de sentir um amor verdadeiro. Eu confio em você e rezo por você. Tenha a coragem de "nadar contra a maré". E também tenha a coragem de ser feliz.

— Discurso aos voluntários da Jornada Mundial da Juventude, 28 de julho de 2013

A família perfeita não existe, também não existe um marido perfeito ou uma esposa perfeita, nem vamos falar da sogra perfeita! Somos apenas nós mesmos, pecadores. A vida familiar saudável requer o uso frequente de três frases: "Posso?", "Obrigado" e "Eu sinto muito", e nunca, nunca, nunca se deve terminar o dia sem fazer as pazes.

— Discurso para 10 mil casais de noivos na Praça de São Pedro, 14 de fevereiro de 2014

São tantas as crianças que não sabem orar!

— **Homilia, Quarta-feira de Cinzas, 2004**

Queridos pais, ensinem seus filhos a orar. Orem com eles.

— **Tuíte, 1º de abril de 2014**

Um padre disse que Deus nos fez homem e mulher para que pudéssemos amar um ao outro e ser necessários um ao outro. Ao pregar sobre o casamento, costumo me dirigir aos casais dizendo que o noivo deve tornar a noiva mais mulher e que a noiva deve tornar o noivo mais homem.

— ***Sobre o Céu e a Terra – O que se pensa o novo Papa Francisco sobre a família, a fé e o papel da igreja no século XXI*****, por Jorge Mario Bergoglio e Abraham Skorka**

O "lar" representa o tesouro humano mais precioso, o do encontro, o das relações entre as pessoas que são diferentes em idade, cultura e história, mas que vivem juntas e juntas se ajudam a crescer. Por essa razão, o "lar" é um lugar crucial da vida, onde a vida cresce e pode ser consumada, porque é um lugar em que cada pessoa aprende a receber amor e a dar amor.

— **Discurso durante visita a abrigo, 21 de maio de 2013**

Um bom pai, como uma boa mãe, é aquele que intervém na vida do filho apenas o suficiente para lhe dar parâmetros para crescer, para assisti-lo, mas que sabe quando deve se manter como observador dos fracassos de sua prole e dos filhos dos outros, e tolerá-los.

— *Papa Francisco:* conversas com Jorge Bergoglio, editado por Francesca Ambrogetti e Sergio Rubin

Será que eu, assim como Maria, continuo firme? Como estão seus pais? Como estão seus avós? Como estão seus sogros? Eles podem contar com você? Você se importa com eles? Você os visita? Às vezes é muito doloroso, mas não há outra escolha a não ser colocá-los em uma casa de repouso por motivos de saúde ou de situações familiares. Contudo, uma vez que eles estejam lá, eu reservo um sábado ou um domingo para estar com eles? Você se importa com aquela vida que está fenecendo e que deu vida a você?

— Homilia, 25 de março de 2011

Rezemos pela paz, e façamos isso iniciando pelo nosso próprio lar!

— Tuíte, 16 de janeiro de 2014

Isso significa zelarmos uns pelos outros em nossa família: maridos e esposas primeiro cuidam um do outro, e então, como pais, ocupam-se de seus filhos; e as próprias crianças, com o tempo, tomam conta de seus pais.

— Discurso, 19 de março de 2013

PECADO E PERDÃO

Eu sou um pecador. Esta é a definição mais precisa. Não é uma figura de linguagem, um gênero literário. Eu sou um pecador.

— Entrevista ao padre Antonio Spadaro, Companhia de Jesus, editor-chefe da revista *La Civiltà Cattolica*, agosto-setembro/2013

Para mim, o pecado não é uma mancha que eu tenho de limpar. O que devo fazer é pedir perdão e me reconciliar, e não parar na lavanderia a caminho de casa.

— *El Jesuita*, 2010[9]

O que me dói mais são as muitas ocasiões em que eu não fui mais compreensivo e imparcial. Nas orações da manhã, nas súplicas, primeiro eu peço para ser compreensivo e imparcial. Então, continuo pedindo muitas outras coisas relacionadas com os meus fracassos à medida que viajo pela vida. Quero viajar com humildade, com bondade interpretativa; mas devo enfatizar, sempre fui amado por Deus. Ele me levantou quando eu caí ao longo do caminho.

— *Papa Francisco:* conversas com Jorge Bergoglio, editado por Francesca Ambrogetti e Sergio Rubin

Somente nós, grandes pecadores, temos a graça de saber o que a salvação realmente significa.

— *El Jesuita*, 2010

---

[9] Edição em espanhol do título em português *Papa Francisco:* conversas com Jorge Bergoglio. Rio de Janeiro: Verus, 2013. (N.T.)

No entanto, há um problema que pode afligir os cristãos: o espírito do mundo, o espírito mundano, a mundanidade espiritual. Isso leva à autossuficiência, a viver pelo espírito do mundo, e não pelo espírito de Jesus.

— Discurso, vigília de Pentecostes com os movimentos eclesiásticos, 18 de maio de 2013

Neste mundo globalizado, nós caímos na indiferença globalizada. Nós nos acostumamos com o sofrimento dos outros: isso não me afeta; isso não me diz respeito; isso não é da minha conta!

— Homilia, 8 de julho de 2013

A fofoca também pode matar, porque ela mata a reputação da pessoa! É tão terrível fofocar! No início pode parecer agradável, até prazeroso, como deleitar-se com um doce. No fim, porém, ela enche o coração de amargura e nos envenena.

— Discurso no Ângelus, 16 de fevereiro de 2014

Esta é a primeira característica de um cristão conservador, puritano e meticuloso; de um hipócrita, de um fariseu: sempre sentir a necessidade de criticar os outros. Peçamos a Jesus agora a graça de abrir nosso coração para que Sua misericórdia possa entrar. Digamos: "Sim, Senhor, eu sou um pecador. Eu sou um pecador por isso e por aquilo. Venha, venha e me absolva perante o Pai". Assim seja!

— Homilia, 24 de setembro de 2011

A paciência de Deus é confortável e doce como uma noite de verão.

— ***El Jesuita*, 2010**

Devemos estar sempre em guarda, em guarda contra o engano, contra a sedução do mal.

— Homilia, 11 de outubro de 2013

Às vezes pode parecer que Deus não reage ao mal. É como se Ele Se mantivesse em silêncio. E, mesmo assim, Deus fala. Ele já respondeu, e Sua resposta é a cruz do Cristo: uma palavra que significa amor, misericórdia, perdão.

— Discurso, Sexta-feira Santa, 29 de março de 2013

A tentação de pôr Deus de lado [...] está sempre à porta, e a experiência do pecado fere nossa vida cristã, nossa filiação a Deus. Por essa razão, devemos ter a coragem da fé para não nos permitir ser guiados pela mentalidade que nos diz: "Deus não é necessário, ele não é importante para você", e assim por diante. É exatamente o contrário: somente nos comportando como filhos de Deus, sem desespero por nossas deficiências, nossos pecados, somente nos sentindo amados por Ele nossa vida se renova, reanima-se pela serenidade e pela alegria! Deus é nossa força! Deus é nossa esperança!

— Homilia, 10 de abril de 2013

Olhemos à nossa volta: quantas feridas são infligidas pelo mal sobre a humanidade! Guerras, violência, conflitos econômicos que atingem os mais fracos, ganância por dinheiro, poder, corrupção, discórdia, crimes contra a vida humana e contra a criação.

— Homilia, Domingo de Ramos e Jornada Mundial da Juventude, 24 de março de 2013

Na vida, todos cometemos muitos erros. Aprendamos a reconhecê-los e a pedir perdão por eles.

— Tuíte, 4 de março de 2014

Queridos irmãos e irmãs, não nos fechemos para a novidade que Deus quer trazer para nossa vida! Estamos muitas vezes cansados, desanimados e tristes? Sentimos o peso de nossos pecados? Será que achamos que não vamos ser capazes de lidar com eles? Não fechemos nosso coração; não percamos a confiança; nunca desistamos. Não há situação que Deus não possa mudar; não há pecado que Ele não possa perdoar se nós nos abrirmos para Ele.

— Homilia, vigília de Páscoa, Sábado de Aleluia, 30 de março de 2013

Jesus cura nossos pecados. E, ao longo do caminho, Jesus vem e nos perdoa – todos nós, pecadores, todos somos pecadores – mesmo quando cometemos um erro, quando cometemos um pecado, quando pecamos. E esse perdão que recebemos na Confissão é um encontro com Jesus.

— Discurso na paróquia de São Cirilo de Alexandria, em Roma, 1º de dezembro de 2013

Lembremo-nos [...] de Pedro: ele negou Jesus três vezes, precisamente no momento em que deveria ficar mais próximo dEle; e quando Pedro atinge o fundo do poço ele encontra o olhar paciente de Jesus que sem palavras lhe diz: "Pedro, não tema sua fraqueza, confie em mim". Pedro entende, sente o olhar amoroso de Jesus e chora. Como é lindo o olhar de Jesus – quanta ternura há nesse olhar! Irmãos e irmãs, que nós nunca percamos a confiança na paciência e na misericórdia de Deus!

— Homilia, Domingo da Divina Misericórdia, 7 de abril de 2013

Quando Jesus entrou nas águas do rio Jordão e foi batizado por João Batista, não fez isso porque Ele estava precisando Se arrepender ou Se transformar; Ele o fez para estar entre as pessoas que precisam de perdão, entre nós, pecadores, e para tomar sobre Si o peso dos nossos pecados. Dessa forma Ele escolheu nos confortar, nos salvar, nos libertar do nosso sofrimento.

— Mensagem para a Quaresma 2014

A atitude de Jesus é impressionante: não ouvimos palavras de desprezo, não ouvimos palavras de condenação, ouvimos apenas palavras de amor, de misericórdia, que são um convite para uma conversa. "Eu não te condeno; vá, e não peques mais." Ah! Irmãos e irmãs, a face de Deus é a de um pai misericordioso, sempre paciente. Você já pensou a respeito da paciência de Deus, a paciência que Ele tem com cada um de nós? Essa é a Sua misericórdia.

— Discurso no Ângelus, 17 de março de 2013

Quando foi a última vez que você se confessou? [...] E se já se passou muito tempo, não perca mais um dia! Vá em frente, o sacerdote será bom! Jesus está lá, certo? E Jesus é melhor do que o sacerdote, é Jesus quem recebe você. Ele o recebe com muito amor. Seja corajoso e vá se confessar!

— Audiência Geral, 19 de fevereiro de 2014

Se nós – todos nós – aceitamos a graça de Jesus Cristo, Ele muda nosso coração e nos transforma de pecadores em santos. Para tornar-se santo não é preciso desviar os olhos, olhar em outro lugar, ou, por assim dizer, ter o rosto impresso em santinhos de papel! Não, não, isso não é necessário. Para se tornar santo, somente uma coisa é necessária: acolher a graça que o Pai nos dá em Jesus Cristo.

— Discurso, 17 de junho de 2013

A IGUALDADE DOS SERES HUMANOS

Ninguém é a pessoa mais importante na Igreja; todos somos iguais aos olhos de Deus. Alguns de vocês podem dizer: "Ouça, senhor Papa, você não é igual a nós". Sim, eu sou como cada um de vocês; somos todos iguais, somos irmãos e irmãs!

— Audiência Geral, 26 de junho de 2013

A vida humana, a pessoa não é mais percebida como um valor fundamental a ser respeitado e protegido, em especial se é pobre ou deficiente, se ainda não é útil – como o nascituro – ou se deixou de ser necessário – como o idoso.

— Encontro com as organizações caritativas católicas, 5 de junho de 2013

A Igreja propõe caminhos de salvação e cuida das "sobras" da sociedade. Foi isso o que Jesus fez, e é isso o que nós queremos fazer como seus discípulos e missionários. Queremos mostrar para a sociedade, em um diálogo aberto, que inclua justiça e verdade, que os idosos entre nós são dignos de respeito e não de pena, que estamos em dívida com eles, e que nós lhes devemos estima e respeito, e não apenas preocupação.

— Discurso, 2 de fevereiro de 2008

Toda vida tem valor inestimável; mesmo a dos mais fracos e mais vulneráveis, dos doentes, dos velhos, dos nascituros e dos pobres; elas são obras-primas da criação de Deus, feitas à sua imagem, destinadas a viver para sempre e merecedoras da maior reverência e do maior respeito.

— Mensagem aos católicos que participaram do evento anual Dia para a Vida, na Grã-Bretanha e na Irlanda, 28 de julho de 2013

Se [os gays] aceitam o Senhor e têm boa vontade, quem sou eu para julgá-los?

— Entrevista a jornalistas a bordo do avião papal, 29 de julho de 2013

Cada criança não nascida, por ser injustamente condenada ao aborto, tem a face do Senhor; mesmo antes de seu nascimento, e logo após esse evento, ela experimentou a rejeição do mundo. E cada pessoa idosa, mesmo que enferma e no fim de seus dias, carrega com ela o rosto do Cristo. Eles não devem ser descartados!

— Discurso para grupo católico de profissionais da saúde e ginecologistas, 20 de setembro de 2013

O aborto nunca é uma solução. De nossa posição devemos ouvir, caminhar com as pessoas e [oferecer] compreensão para salvar duas vidas: respeitar o menor e mais indefeso ser humano, adotar medidas para preservar sua vida, permitir seu nascimento e depois ser criativos na busca de maneiras para assegurar seu pleno desenvolvimento.

— Declaração em resposta à decisão da Suprema Corte Argentina de permitir o aborto em caso de ameaça à vida da mulher, 2012

Certa vez uma pessoa me perguntou, de forma provocativa, se eu aprovava a homossexualidade. Eu respondi com outra pergunta: "Diga-me: quando Deus olha para uma pessoa que é gay, Ele endossa a existência dessa pessoa com amor ou a rejeita e a condena?". Devemos sempre considerar a pessoa.

— Entrevista ao padre Antonio Spadaro, Companhia de Jesus, editor-chefe da revista La Civiltà Cattolica, agosto-setembro/2013

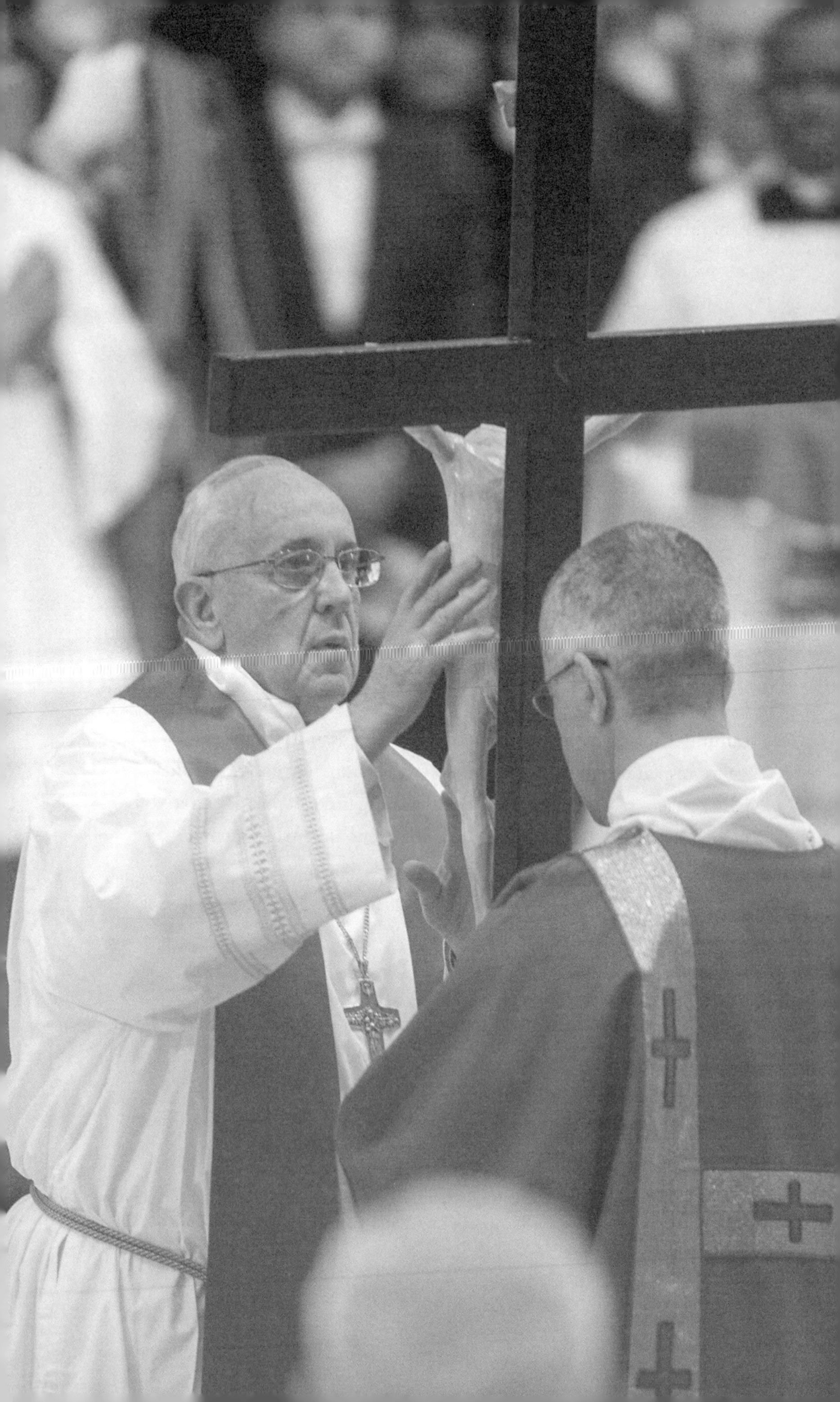

A IGREJA

Eu vejo a Igreja como um hospital de campanha após a batalha. É inútil perguntar a uma pessoa gravemente ferida se ela tem colesterol alto ou sobre o nível de açúcar em seu sangue! Você tem de cuidar das feridas dela. Depois podemos falar sobre todo o resto. Cuidar das feridas, cuidar das feridas. E você deve começar do zero.

— Entrevista ao padre Antonio Spadaro, Companhia de Jesus, editor-chefe da revista *La Civiltà Cattolica*, agosto-setembro/2013

Precisamos de uma Igreja sem medo de adentrar a noite deles. Precisamos de uma Igreja capaz de encontrá-los em seu caminho. Precisamos de uma Igreja capaz de inserir-se em suas conversas. Precisamos de uma Igreja capaz de dialogar com os discípulos que, depois de terem saído de Jerusalém, estão vagando sem rumo, sozinhos, com seu próprio desencanto, desiludidos por um cristianismo que agora é considerado solo estéril, infecundo, incapaz de gerar significado.

— Discurso aos bispos do Brasil, 27 de julho de 2013

Na história da Igreja Católica os verdadeiros reformadores são os santos. Eles são os verdadeiros reformadores, aqueles que mudam, transformam, desenvolvem e ressuscitam o caminho espiritual [...]. Francisco de Assis implementou um novo conceito em relação à pobreza diante de uma Igreja voltada à riqueza, ao orgulho e à vaidade dos poderes civis e eclesiásticos vigentes na época. Ele realizou um misticismo da pobreza, de desapropriação e, com isso, ele mudou a história.

— Sobre o Céu e a Terra – O que pensa o novo Papa Francisco sobre a família, a fé e o papel da igreja no século XXI,
por Jorge Mario Bergoglio eAbraham Skorka

Temos de evitar a doença espiritual de uma Igreja que está trancada no próprio mundo: quando a Igreja fica assim, ela adoece. É verdade que ir para a rua implica o risco de acidentes, como aconteceria a qualquer homem ou mulher. Contudo, se a Igreja permanecer fechada em si mesma, ele vai envelhecer. E se eu tivesse de escolher entre uma Igreja ferida que vai para as ruas e uma Igreja doente, eu definitivamente optaria pela primeira.

— Entrevista para o site *Vatican Insider*, fevereiro de 2012

Não podemos insistir apenas em questões relacionadas ao aborto, ao casamento homossexual e ao uso de métodos contraceptivos. Isso não é possível. Eu não tenho falado muito a respeito desses assuntos e fui repreendido por isso [...]. O ensinamento da Igreja, para essas questões, é claro, e eu sou um filho da Igreja, mas não é necessário falar sobre esses temas o tempo todo.

— Entrevista ao padre Antonio Spadaro, Companhia de Jesus, editor-chefe da revista *La Civiltà Cattolica*, agosto-setembro/2013

Temos de rezar, em conjunto, como católicos e também com os demais cristãos, orar para que o Senhor nos conceda o dom da unidade, a unidade entre nós. No entanto, como teremos unidade entre os cristãos se não somos capazes de expressá-la entre nós como católicos? Ou em nossas famílias? Tantas famílias brigam e estão divididas! Busque a unidade, a unidade que edifica a Igreja. A unidade vem de Jesus Cristo. Ele nos envia o Espírito Santo para criar a unidade.

— Audiência Geral, 19 de junho de 2013

Olhe para a Igreja, santa e pecadora como é; olhe para alguns pecados e deficiências, sem perder de vista a santidade de tantos homens e mulheres que trabalham na Igreja hoje.

— Entrevista para o site *Vatican Insider*, 24 de fevereiro de 2012

Apesar da lentidão, da infidelidade, dos erros e dos pecados que cometeu – e que pode ainda cometer – contra os seus membros, a Igreja, acreditem em mim, não tem outro significado e objetivo senão viver e testemunhar Jesus.

— Carta ao jornal *La Repubblica*, 11 de setembro de 2013

Sinto-me compelido a assumir a responsabilidade pessoal por todo o mal que alguns sacerdotes, muitos – muitos em número, [embora] não em comparação com a totalidade –, a assumir responsabilidade pessoal e a pedir perdão pelos danos causados pelo abuso sexual de crianças. A Igreja está ciente desse dano. Nós não queremos dar um passo para trás ao lidar com esse problema e com as sanções que devem ser impostas. Pelo contrário, penso que temos de ser ainda mais exigentes! Não se brinca com a vida de crianças.

— Comentário para os membros do Departamento Internacional Católico da Infância, abril de 2014

Chefes da Igreja têm sido muitas vezes narcisistas, têm se deixado bajular e empolgar por seus aduladores. A corte é a lepra do papado.

— Entrevista ao fundador do jornal *La Repubblica*, Eugenio Scalfari, 1º de outubro de 2013

Que nós nunca cedamos ao pessimismo ou ao desânimo: tenhamos a certeza de que o Espírito Santo concede à Igreja, com seu sopro divino, a coragem de perseverar.

— Discurso aos cardeais, 15 de março de 2013

Contudo, sendo justo, devo dizer primeiro que é enorme a contribuição da Igreja para o mundo ser como é hoje. A dor e a vergonha que sentimos pelos pecados de alguns membros da Igreja, e pelos nossos próprios, nunca nos deixará esquecer quantos cristãos entregam diariamente a própria vida por amor.

— *A alegria do Evangelho:* exortação apostólica, 2013

A Igreja não é uma associação de caridade, cultural ou política, mas um Corpo vivo, que caminha e age na história. E esse Corpo tem uma cabeça, Jesus, que o guia, nutre e sustenta.

— Audiência Geral, 19 de junho de 2013

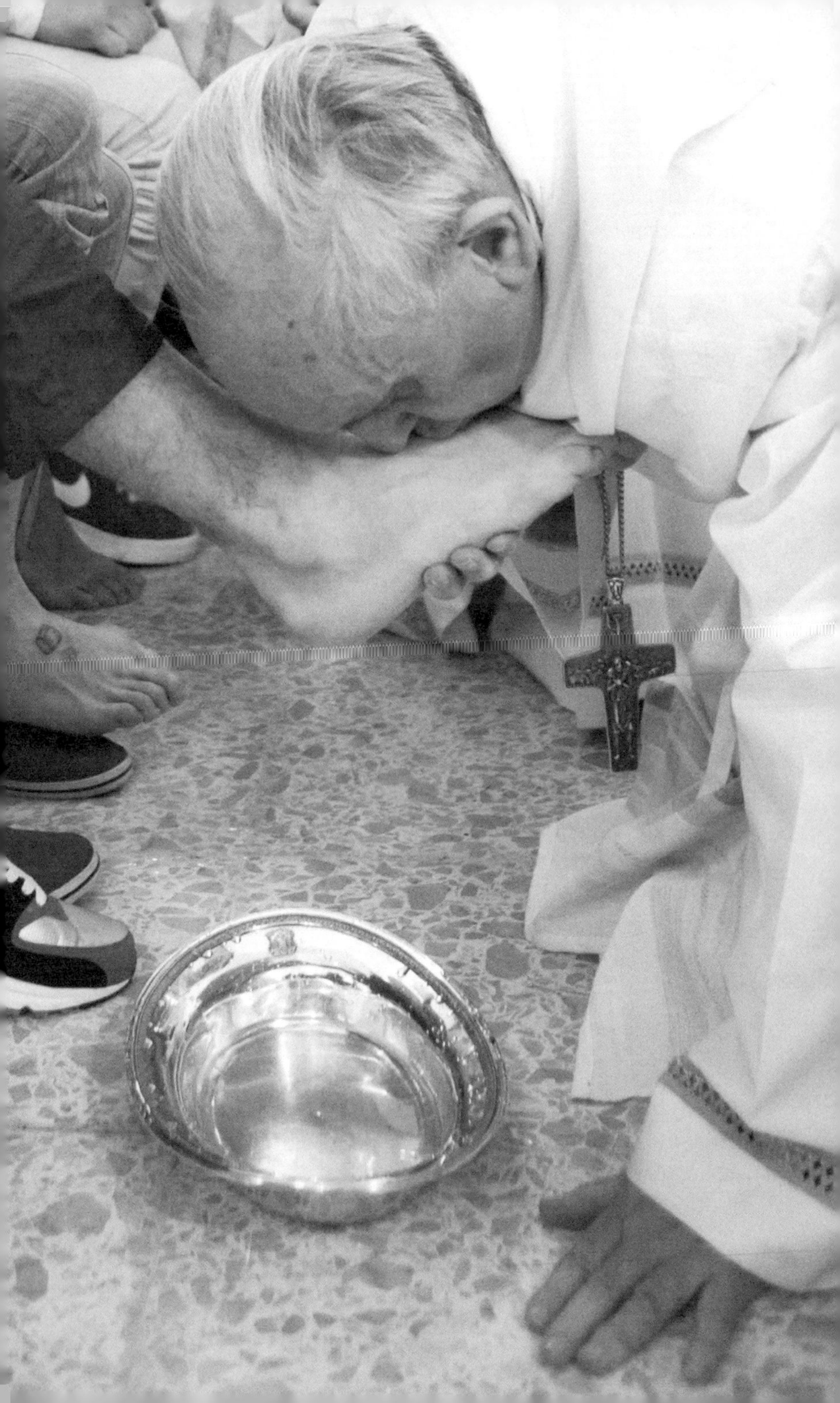

SOFRIMENTO

Sofrer é levar a dificuldade consigo, carregando-a com determinação, de modo que ela não nos arraste para baixo. Carregá-la com coragem: essa é uma virtude cristã.

— Homilia, 24 de maio de 2013

Na Cruz vemos a monstruosidade do homem, quando nos deixamos guiar pelo mal; mas também vemos a imensidão da misericórdia de Deus, que não nos trata segundo nossos pecados, mas segundo Sua misericórdia.

— Discurso na encenação de Via-Crúcis no Coliseu, 17 de abril de 2014

Quando caminhamos sem a Cruz, quando edificamos sem a Cruz, quando professamos Cristo sem Cruz, não somos discípulos do Senhor, somos apenas mundanos: somos bispos, padres, cardeais, papas, mas não discípulos do Senhor.

— Homilia, 14 de março de 2013

Você pode dizer: "Não podemos ter um cristianismo mais humano, sem a Cruz, sem Jesus, sem desnudar a nós mesmos?". Dessa maneira, nos tornaríamos cristãos de padaria, como um bolo bonito ou belos doces. Bonitos por fora, mas não verdadeiros cristãos.

— Em Assis, 4 de outubro de 2013

É por meio da dor e dos nossos limites que melhor aprendemos a crescer, e por meio de nossas falhas surge a pergunta profunda: já não sofremos o suficiente? Não seria o momento de decidirmos renunciar a velhos padrões?

— Homilia, 25 de maio de 2002

Os cristãos sabem que o sofrimento não pode ser eliminado, mas que ele pode ter significado e tornar-se um ato de amor e de confiança nas mãos de Deus, que nunca nos abandona; desse modo, ele pode servir como um momento de crescimento na fé e no amor.

— *Lumen Fidei*, 2013

E o Senhor nos convida a isso: a sermos pessoas rejuvenescidas pela Páscoa em uma jornada de amor e paciência, suportando nossas tribulações e, também – eu diria –, aceitando um ao outro. Devemos fazer isso também com caridade e amor, porque se eu o aceito como você é, tenho certeza de que você vai me aceitar como eu sou; e, dessa forma, seguiremos em frente em nossa jornada no caminho de Jesus.

— Homilia, 7 de maio de 2013

O Filho de Deus feito homem não privou a experiência humana das doenças e do sofrimento, mas, assumindo-os para si, transformou-os e reduziu-os para que eles não tivessem a última palavra, que agora pertence à nova vida em plenitude; transformados, porque, em união com o Cristo, de negativos podem tornar-se positivos.

— Mensagem para o Dia Mundial do Doente,
11 de fevereiro de 2014

Embora a vida de uma pessoa se dê em uma terra cheia de espinhos e ervas daninhas, há sempre um espaço para que uma boa semente possa germinar. Você tem de confiar em Deus.

— Entrevista ao padre Antonio Spadaro, Companhia de Jesus, editor-chefe da revista *La Civiltà Cattolica*, agosto-setembro/2013

PAZ

A verdadeira paz nasce da tensão entre dois elementos contrários: a aceitação de um presente no qual reconhecemos nossa fraqueza como pecadores, e, ao mesmo tempo, a transcendência do mesmo presente como se já estivéssemos livres do fardo do pecado.

— ***A alegria do Evangelho:* exortação apostólica, 2013**

Francisco de Assis diz que devemos trabalhar para construir a paz. Contudo, não há paz genuína sem verdade! Não pode haver paz legítima se cada um usa critérios próprios, se todos podem sempre alegar exclusivamente direitos pessoais, sem, ao mesmo tempo, cuidar do bem dos outros, de todos, com base na natureza que une todos os seres humanos neste mundo.

— Discurso, 22 de março de 2013

Hoje, queridos irmãos e irmãs, gostaria de juntar minha voz ao clamor que se eleva com o aumento da angústia de todas as partes do mundo, de cada povo, do coração de cada pessoa, de uma grande família que é a humanidade: é o grito pela paz! É um brado que declara, com força: queremos um mundo de paz, queremos ser homens e mulheres de paz; queremos que a paz reine em nossa sociedade, dilacerada por divisões e conflitos! Guerra nunca mais! Nunca mais a guerra!

— Discurso no Ângelus, 1º setembro de 2013

Quero convidar cada um dos países aqui representados a assumir a luta contra a pobreza, tanto material quanto espiritual, a construção da paz e a edificação de pontes entre os povos como pontos de referência para uma viagem que eu quero realizar. Contudo, essa será uma viagem difícil, se não aprendermos a crescer no amor para este nosso mundo.

— Discurso ao corpo diplomático credenciado pela Santa Sé, 22 de março de 2013

As guerras despedaçam tantas vidas. Penso especialmente nas crianças, privadas de sua infância.

— Tuíte, 18 de janeiro de 2014

Esta manhã celebrei a Santa Missa com vários soldados e com os pais de alguns dos que morreram nas missões de paz, que procuram promover a reconciliação e a paz nos países em que tanto sangue fraterno é derramado nessas guerras que são sempre um ato de loucura. "Tudo está perdido na guerra. Tudo se ganha com a paz."

— Discurso no Ângelus, 2 de junho de 2013

Na Cruz Jesus derrubou o muro da inimizade que separa as pessoas e as nações; e Ele trouxe a reconciliação e a paz.

— Homilia, Domingo de Ramos e Jornada Mundial da Juventude, 24 de março de 2013

A minha fé cristã me impele a olhar para a Cruz. Como eu queria que todos os homens e todas as mulheres de boa vontade olhassem para a Cruz apenas por um momento! Nela, podemos ver a resposta de Deus: não se responde à violência com violência, não se responde à morte com a morte. No silêncio da Cruz, cessa-se o alvoroço das armas, e a linguagem da reconciliação, do perdão, do diálogo e da paz é iniciada.

— Discurso, vigília de oração pela paz, 7 de setembro de 2013

Paz para o mundo inteiro, dilacerado pela violência ligada ao tráfico de drogas e pela exploração injusta dos recursos naturais! Paz a esta nossa Terra! Que Jesus ressuscitado traga conforto para as vítimas dos desastres naturais e nos torne guardiões responsáveis da criação.

— Mensagem do domingo de Páscoa, 31 de março de 2013

A SANTA MÃE

Nossa Senhora está sempre perto de nós, especialmente quando sentimos o peso da vida com todos os nossos problemas.

— Tuíte, 24 de fevereiro de 2014

Em seu Cântico, Maria não diz que está feliz porque Deus estava admirando sua virgindade, sua bondade ou sua doçura – virtudes que ela possuía [...]. Não, o Senhor estava admirando sua humildade, a humildade de sua serva, a pequenez dela.

— Homilia, [illegible]1 de março de 2014

Invoquemos a intercessão de Maria, a Mulher do "sim". Maria disse "sim" ao longo de sua vida! Ela aprendeu a reconhecer a voz de Jesus desde quando Ele estava em seu ventre. Que Maria, nossa Mãe, ajude-nos a reconhecer a voz de Jesus cada vez melhor e a segui-Lo, para que nós caminhemos na estrada da vida!

— Homilia, 21 de abril de 2013

Maria foi capaz de transformar um estábulo em um lar para Jesus, envolvendo-o com panos modestos e abundância de amor. Ela é a serva do Pai, que canta Seus louvores. Ela é a amiga sempre atenta para que o vinho não falte em nossa vida. Ela é a mulher cujo coração foi atravessado por uma espada e que compreende toda a nossa dor.

— ***A alegria do Evangelho:*** **exortação apostólica, 2013**

Maria era especialista em ouvir.

— **Homilia, 7 de agosto de 2006**

Nossa gratidão deve ser como a de Maria, que, apesar de todos os pesares que ela teve de suportar, não baixou os olhos em derrota; em vez disso louvou a grandeza do Senhor.

— **Carta da Quaresma, 22 de fevereiro de 2012**

A Mãe do Redentor nos precede e continuamente nos fortalece na fé, em nossa vocação e em nossa missão. Com o seu exemplo de humildade e de aceitação à vontade de Deus, ela nos ajuda a transmitir nossa fé anunciando, com júbilo, o Evangelho a todos, sem reservas. Desse modo, nossa missão será frutífera, porque é moldada na maternidade de Maria. Confiamos a ela o nosso caminho de fé, os desejos do nosso coração, nossas necessidades e as necessidades de todo o mundo, especialmente daqueles que têm fome e sede de justiça, de paz e de Deus.

— Homilia, Festa da Solenidade de Maria,
Mãe de Deus, 1º de janeiro de 2014

Que a Virgem Maria, nossa Mãe, modelo amado de atenção a Deus e a seu povo e reveladora das mensagens de boas-novas, receba nossas orações e nos conceda a graça de saber ouvir.

— Homilia, 7 de agosto de 2006

Com o Espírito Santo, Maria está sempre presente no meio do povo. Ela se juntou aos discípulos na oração pela vinda do Espírito Santo (Atos 1:14) e, assim, tornou possível a explosão missionária, que teve lugar no dia de Pentecostes. Ela é a Mãe da Igreja que evangeliza, e sem ela jamais compreenderíamos o espírito da nova evangelização.

— ***A alegria do Evangelho:* exortação apostólica, 2013**

Eu entrego meu ministério, e seu ministério, à poderosa intercessão de Maria, nossa Mãe, Mãe da Igreja. Sob seu olhar materno, que cada um de nós caminhe e ouça a voz de seu divino Filho, reforçando a unidade, perseverando juntos em oração e dando testemunho da verdadeira fé na presença contínua do Senhor.

— **Discurso para o Colégio dos Cardeais, 15 de março de 2013**

MULHERES

As primeiras testemunhas da ressurreição foram mulheres, e isso é lindo. Essa é parte da missão das mulheres; das mães, das mulheres! Testemunhar a seus filhos, a seus netos, que Jesus está vivo, está vivendo, ressuscitou. Mães e mulheres, continuem a testemunhá-Lo! É o coração que conta para Deus, quão abertos estamos para Ele, se somos crianças confiantes.

— Discurso, 3 de abril de 2013

Quero parabenizá-las por ver que muitas mulheres compartilham responsabilidades pastorais com os padres, ajudando-os a orientar pessoas, famílias e grupos e oferecendo novas contribuições para a reflexão teológica. Na verdade, eu tinha a esperança no oferecimento de um espaço ampliado às mulheres, para que elas exercessem uma presença mais abrangente e incisiva na Igreja.

— Discurso ao Congresso Nacional do Centro das Mulheres Italianas, 25 de janeiro de 2014

Essas novas oportunidades e responsabilidades que se abriram, e que eu sinceramente espero que possam se expandir ainda mais pela presença e pelo trabalho das mulheres, tanto no âmbito eclesiástico como nas esferas civil e profissional, não podem nos fazer esquecer do papel insubstituível da mulher na família. Os dons do refinamento, em especial, da sensibilidade e da ternura com os quais o espírito da mulher é ricamente dotado, representam não apenas uma verdadeira força à vida familiar – por espalharem um clima de serenidade e harmonia –, como também uma realidade sem a qual não se daria a vocação humana.

— Discurso no Congresso Nacional do Centro das Mulheres Italianas, 25 de janeiro de 2014

Na tradição teológica fundamentada, o sacerdócio foi confiado ao homem. A mulher tem outra função no cristianismo, refletida na imagem de Maria. Ela é a figura que abraça a sociedade, a figura que a contém, a mãe da comunidade. A mulher tem o dom da maternidade, da ternura; se todas essas riquezas não estiverem integradas, uma comunidade religiosa se transforma em uma sociedade machista, austera, rígida e dificilmente sagrada. A impossibilidade do exercício do sacerdócio pela mulher não a torna inferior ao homem.

— *Sobre o Céu e a Terra – O que pensa o Papa Francisco sobre a família, a fé e o papel da igreja no século XXI*, por Jorge Mario Bergoglio e Abraham Skorka

Todas as mães e todas as avós que estão aqui devem pensar sobre isto: a transmissão da fé! Porque Deus coloca ao nosso lado pessoas que nos ajudam em nosso caminho de fé. Nós não encontramos nossa fé na abstração. Não! É sempre uma pessoa que prega que nos diz quem é Jesus, que nos comunica a fé e nos fornece a primeira proclamação. E foi assim que eu recebi a minha primeira experiência de fé.

— Discurso, vigília de Pentecostes com os movimentos eclesiásticos, 18 de maio de 2013

Uma igreja sem mulheres seria como o colégio apostólico sem Maria. A Virgem Maria é mais importante do que os apóstolos; e a própria Igreja é feminina, além de ser a esposa do Cristo e uma mãe para todos.

— Em resposta a jornalistas no avião, voltando a Roma depois da Jornada Mundial da Juventude, 29 de julho de 2013

Ela [Maria] é o autêntico espírito protetor feminino. E pensemos sobre Nossa Senhora nas famílias – sobre o que Nossa Senhora faz em uma família. Está claro que a presença de uma mulher na esfera doméstica é mais necessária do que nunca, para a transmissão de princípios morais sólidos e da própria fé para as gerações futuras.

— Discurso no Congresso Nacional do Centro das Mulheres Italianas, 25 de janeiro de 2014

As mulheres estão fazendo perguntas profundas que devem ser abordadas. A Igreja não pode ser quem é sem a ajuda da mulher e sem que ela desempenhe seu papel. A mulher é essencial para a Igreja. Maria, uma mulher, é mais importante do que os bispos.

— Entrevista ao padre Antonio Spadaro, Companhia de Jesus, editor-chefe da revista *La Civiltà Cattolica*, agosto-setembro/2013

RELIGIÃO

A palavra religião significa, precisamente, assumir um vínculo com o Senhor por uma forma de busca. Se uma religião é puramente ritualística e não celebra esse tipo de ligação, ela está destinada a morrer, porque preencherá seus seguidores de ritos, mas deixará o coração deles vazio.

— ***Sobre o Céu e a Terra – O que pensa o Papa Francisco sobre a família, a fé e o papel da igreja no século XXI*****,**
por Jorge Mario Bergoglio e Abraham Skorka

Nisso, nós também sentimos proximidade com todos os homens e todas as mulheres que, apesar de não se identificarem como seguidores de qualquer tradição religiosa, estão à procura da verdade, da bondade e da beleza; a verdade, a bondade e a beleza de Deus. Eles são nossos aliados valiosos no compromisso com a defesa da dignidade humana, com a construção de uma convivência pacífica entre os povos e com a salvaguarda e o zelo com a criação.

— **Discurso para representantes das igrejas, comunidades eclesiásticas e religiões diferentes, 20 de março de 2013**

Jesus não força ninguém a ser cristão. Contudo, se você se diz cristão, deve acreditar que Jesus tem todo o poder – e é o único que tem o poder – de renovar o mundo, renovar a sua vida, renovar a sua família, renovar a comunidade, renovar todas as coisas. Essa é a mensagem que temos de levar conosco hoje, pedindo ao Pai que nos ajude a ser dóceis para com as inspirações do Espírito que faz esse trabalho, o Espírito de Jesus.

— Homilia, 18 de fevereiro de 2012

Essa é a experiência religiosa: a surpresa de encontrar alguém que está esperando por você.

— *El Jesuita*, 2010

Nem todas as pessoas presentes pertencem à fé católica, e outros não acreditam nela. Eu respeito a consciência de cada um de vocês, sabendo que cada um de vocês é um filho de Deus. Que Deus os abençoe.

— Conferência de imprensa do Vaticano,
16 de março de 2013

O diálogo e a amizade com os filhos de Israel fazem parte da vida dos discípulos de Jesus. A amizade que cresceu entre nós nos faz lamentar de maneira amarga e sincera as terríveis perseguições que sofreram, e continuam a sofrer, em especial aquelas que envolvem cristãos.

— ***A alegria do Evangelho:*** **exortação apostólica, 2013**

Diante de episódios desconcertantes de fundamentalismo violento, nosso respeito pelos verdadeiros seguidores do Islã deve nos levar a evitar generalizações odiosas, porque o autêntico islamismo e a leitura adequada do Alcorão se opõem a qualquer forma de violência.

— ***A alegria do Evangelho:*** **exortação apostólica, 2013**

Respeito todas as novas propostas espirituais, porém elas devem ser autênticas e submeter-se à passagem do tempo. Isso revelará se sua mensagem é efêmera ou se vai se manter viva através das gerações. Sobreviver à passagem do tempo é o maior teste de pureza espiritual.

— ***Sobre o Céu e a Terra – O que pensa o Papa Francisco sobre a família, a fé e o papel da igreja no século XXI*****, por Jorge Mario Bergoglio e Abraham Skorka**

Nós, cristãos, trazemos a paz e a graça como um tesouro a ser oferecido ao mundo, mas esses dons somente dão frutos quando os cristãos vivem e trabalham juntos em harmonia. Isso facilita na contribuição para a construção de relações de respeito e convivência pacífica com os que pertencem a outras tradições religiosas e com os que não seguem nenhuma crença.

— **Mensagem para o arcebispo de Canterbury, 14 de junho de 2013**

O MUNDO CONTEMPORÂNEO

A cultura do egoísmo e do individualismo que muitas vezes prevalece em nossa sociedade não é, repito, não é o que constrói e conduz a um mundo mais habitável: ao contrário, é a cultura da solidariedade que o faz; a cultura da solidariedade significa ver os outros não como rivais ou estatísticas, mas como irmãos e irmãs.

— Discurso, Dia Mundial da Juventude, 25 de julho de 2013

Quando não professamos Jesus Cristo, professamos o mundanismo do diabo, um mundanismo demoníaco.

— Homilia, 14 de março de 2013

A velocidade com que a informação é transmitida excede nossa capacidade de reflexão e julgamento, e isso não contribui para formas mais equilibradas e adequadas de autoexpressão [...]. O mundo das comunicações pode nos ajudar a expandir nosso conhecimento ou a perder nosso rumo. O desejo pela conectividade digital pode ter o efeito de nos isolar de nossos pares, daqueles mais próximos de nós. Não devemos ignorar o fato de que aqueles que, por qualquer motivo, não têm acesso a meios de comunicação social correm o risco de ser deixados para trás.

— Mensagem para o 48º Dia Mundial das Comunicações, 24 de janeiro de 2014

Vivemos em uma sociedade que não deixa espaço para Deus; dia após dia isso entorpece nosso coração.

— Tuíte, 29 março de 2014

Certamente, as posses, o dinheiro e o poder podem oferecer uma emoção momentânea, a ilusão de ser feliz, mas eles acabam nos possuindo e nos fazendo querer sempre mais, tornando-nos indivíduos nunca satisfeitos [...]. "Revista-se do Cristo" em sua vida, coloque sua confiança nEle e você nunca vai se decepcionar!

— Discurso, Dia Mundial da Juventude, 25 de julho de 2013

Os jovens neste momento estão em crise. Estamos acostumamos a essa cultura do descartável. Nós fazemos isso com os idosos, mas agora, com tantos jovens sem trabalho, também eles são atingidos por essa cultura em que tudo é descartável. Precisamos parar com esse hábito de jogar coisas fora. Precisamos de uma cultura de inclusão.

— Em resposta a jornalistas no avião voltando a Roma, depois da Jornada Mundial da Juventude, julho 2013

O mundo nos faz olhar para nós mesmos, para nossos bens, nossos desejos. O Evangelho nos convida a nos abrir para os outros, para compartilhar com os pobres.

— Tuíte, 6 de fevereiro de 2014

Nós temos, em nossas mãos, a responsabilidade e também a possibilidade de tornar este mundo muito melhor para nossas crianças.

— Homilia, Páscoa, 2005

A SABEDORIA DO PAPA FRANCISCO

Acabamos de ouvir a Paixão de Nosso Senhor. Podemos muito bem nos perguntar: Quem sou eu? Quem sou eu diante do meu Senhor? Quem sou eu diante de Jesus, que entra em Jerusalém em meio ao entusiasmo da multidão? Estou pronto para expressar minha alegria, para louvá-Lo? Ou devo ficar para trás? Quem sou eu, diante do sofrimento de Jesus?

— Homilia, Domingo de Ramos e Jornada Mundial da Juventude, 13 de abril de 2014

Nós também devemos ter claro entendimento, em nossa vida cristã, de que entrar na glória de Deus exige fidelidade diária à Sua vontade, mesmo quando isso requer sacrifício e, por vezes, nos obriga a mudar nossos planos.

— Audiência Geral, 17 de abril de 2014

Somos todos instrumentos simples, mas importantes dEle; nós não recebemos o dom da fé para mantê-la escondida, mas para propagá-la, para que ela possa iluminar um grande número de nossos irmãos em sua jornada.

— Mensagem à reunião das Pontifícias Obras Missionárias, 17 de maio de 2013

Nesta noite, eu gostaria que uma questão ressoasse no coração de cada um de vocês, e eu gostaria que vocês a respondessem com honestidade: Eu já considerei que ídolo jaz oculto na minha vida que me impede de adorar o Senhor? Adorar é nos despojar dos nossos ídolos, mesmo os mais escondidos, e escolher o Senhor como o centro, como a estrada da nossa vida.

— Homilia, 14 de abril de 2013

Como é bom para nós quando o Senhor agita nossas vidas mornas e superficiais.

— Tuíte, 7 de abril de 2014

Ouvir não é simplesmente escutar. Ouvir é estar atento. Ouvir é o desejo de compreender, valorizar, respeitar e salvar. Temos de encontrar meios para ouvir com atenção, para que cada pessoa possa falar e para que fiquemos conscientes do que cada pessoa deseja dizer.

— Homilia, 7 de agosto de 2006

Os mandamentos não são um rosário de proibições – você *não* deve fazer isso, você *não* deve fazer aquilo, você *não* deve fazer diferente; pelo contrário, eles são um grande "Sim!": um sim a Deus, ao Amor, à vida.

— Homilia, 16 de junho de 2013

O que significa liberdade? Certamente não significa fazer o que quiser, permitindo-se ser dominado pelas paixões, passar de uma experiência a outra sem discernimento, seguir a moda do dia; liberdade não significa, por assim dizer, jogar pela janela tudo o que você não gosta [...]. Não devemos ter medo dos compromissos da vida, os compromissos que ocupam e dizem respeito a toda a nossa vida! Dessa maneira, nossa vida será frutífera! E isso é liberdade: ter a coragem de tomar essas decisões com generosidade.

— Discurso, 4 de maio de 2013

Sou sempre cauteloso em relação a decisões tomadas às pressas. Sou sempre prudente em primeira decisão, isto é, à primeira coisa que vem à minha mente quando devo fazer uma deliberação. Ela em geral está errada. Tenho de esperar e avaliar, olhar profundamente dentro de mim e ter o tempo necessário.

— Homilia, 7 de agosto de 2006

A vida dos cristãos adormecidos é triste, não é uma vida feliz. Os cristãos devem ser felizes com a alegria de Jesus. Não vamos cair no sono!

— Homilia, 24 de abril de 2013

O Evangelho é muito claro: precisamos voltar para lá, para ver Jesus ressuscitado e nos tornar testemunhas de sua ressurreição. Não se trata de voltar no tempo; não é uma espécie de nostalgia. É voltar para nosso primeiro amor, para receber a chama que Jesus acendeu no mundo e para levá-la a todas as pessoas, até os confins da Terra.

— Homilia, vigília de Páscoa, Sábado de Aleluia, 19 de abril de 2014

Diga sim à proximidade, a caminhar com o povo de Deus. Diga sim à ternura, especialmente para com os pecadores e os párias da sociedade, sabendo que Deus habita no meio deles.

— Homilia, 2 de setembro de 2012

Não tenha medo, porque o Senhor é o Senhor da consolação, é o Senhor da ternura. O Senhor é um Pai, e Ele diz que estará à nossa disposição como uma mãe está para seu bebê, com a ternura de uma mãe. Não tenha medo das consolações do Senhor.

— Homilia, 29 de junho de 2013

A graça não é parte da consciência; é a quantidade de luz em nossas almas, não é conhecimento nem razão.

— Audiência Geral, 25 de setembro de 2013

Que nós tenhamos muito mais coragem para testemunhar nossa fé no Cristo ressuscitado! Não devemos ter medo de ser cristãos e de viver como cristãos! Precisamos ter essa coragem de ir e anunciar o Cristo Ressuscitado, pois Ele é a nossa paz, Ele fez a paz com o Seu amor, com o Seu perdão, com o Seu Sangue e com a Sua misericórdia.

— Homilia, Domingo da Divina Misericórdia, 7 de abril de 2013

Este é o convite que faço a todos: aceitemos a graça da ressurreição do Cristo! Sejamos renovados pela misericórdia de Deus; sejamos amados por Jesus; que nós possamos permitir, também, que a força do Seu amor transforme nossa vida; e tornemo-nos agentes dessa misericórdia, canais através dos quais Deus possa regar a terra, proteger toda a criação e fazer a justiça e a paz florescer.

— Mensagem de Domingo de Páscoa, 31 de março de 2013

LEMBRANÇAS DO PAPA FRANCISCO

Havia um monte de alegria por muitas razões [...] a mais importante, porque o que você vê nele é o que ele realmente é. Não há nenhuma diferença radical entre o Jorge de antes e o Francisco de depois; ele é a mesma pessoa. Agora que é papa, ele continua sendo ele mesmo, e Deus faz o resto.

— Padre Fernando Cervera, Companhia de Jesus, agora com 50 anos, ex-aluno e orientando espiritual do padre Bergoglio, em *Pope Francis:* our brother, our friend,[10] editado por Alejandro Bermúdez, 2013

Ele enfatiza a preocupação pelas pessoas, por cada um. Bergoglio nunca teve uma preocupação abstrata; ele está sempre preocupado com a pessoa concreta, a vítima de injustiças ou da pobreza. Como padre e bispo, ele visitava muitos bairros de Buenos Aires, onde ele sempre conhecia as pessoas pelo nome, e, por causa disso, as pessoas gostam muito dele.

— Bispo Hugo Salaberry, Companhia de Jesus, bispo de Azul, Argentina, em *Pope Francis:* our brother, our friend, editado por Alejandro Bermúdez, 2013

Como papa, Francisco reduziu as regalias da Renascença do papado abandonando capas de veludo, escolhendo viver em um apartamento de dois quartos em vez de no Palácio Apostólico e substituindo o Mercedes papal por um Ford Focus. Em vez dos tradicionais mocassins vermelhos, Francisco usa sapatos pretos comuns.

— James Carroll, Who am I to judge? – a radical pope's first year,[11] *The New Yorker*, 23 de dezembro de 2013

[10] Sem edição brasileira. Tradução livre: Papa Francisco: nosso irmão, nosso amigo. (N.T.)

[11] Tradução livre: "Quem sou eu para julgar? – o primeiro ano de um papa radical.". (N.T.)

Era meu aniversário, e o papa me ligou para me dar os parabéns, exatamente como faz há muitos anos. Ele se lembra de nosso aniversário, do meu e do meu irmão gêmeo, porque, quando era o religioso responsável pela Ordem Jesuíta na província, foi ele quem nos admitiu na Companhia de Jesus [...]. Ele tinha esse tipo de sensibilidade, mas me surpreendeu quando me ligou agora como papa.

— Irmão Mario Rafael Rausch, Companhia de Jesus, irmão jesuíta de 60 anos, em *Pope Francis:* our brother, our friend, editado por Alejandro Bermúdez, 2013

Eu não podia acreditar. Nós rimos e brincamos durante oito minutos. Foi, sem dúvida, o melhor dia da minha vida.

— Stefano Cabizza, estudante de TI de Pádua, que escreveu ao Papa Francisco e recebeu, em resposta, um telefonema direto do pontífice. O jovem ficou abismado quando atendeu ao telefone e ouviu "Aqui é o Papa Francisco" do outro lado da linha. Conforme relatado no jornal *The Guardian*, 22 de agosto de 2013

Para entender o Papa Francisco é necessário, antes de tudo, saber a importância que ele dá à missão. A Igreja existe para continuar o ministério de cura e de salvação do Cristo. E, assim, o Papa Francisco estende a mão para pobres e marginalizados e os leva até o centro da vida da Igreja – assim como o Cristo o fez há muitos anos.

— Padre Larry Snyder, presidente da Catholic Charities EUA, USCCBLOG, 11 de março de 2014

Raramente uma nova personalidade no cenário mundial captura tanta atenção tão depressa – jovens e idosos, fiéis e céticos – como conseguiu o Papa Francisco. Em seus nove meses no ofício, ele se colocou no centro das principais conversas do nosso tempo: a respeito da riqueza e da pobreza, da equidade e da justiça, da transparência, da modernidade, da globalização, do papel das mulheres, da natureza do casamento, das tentações do poder.

— Nancy Gibbs, editora-executiva da revista *Time*, sobre a escolha do Papa Francisco em 2013 como Personalidade do Ano

"Quem sou eu para julgar?" Essa foi sua resposta quando questionado por um repórter, em julho, sobre a homossexualidade. Muitos acharam que Francisco, com essas palavras, estava mudando a doutrina da Igreja. Em vez disso, ele estava apenas mudando o tom dela, em busca de um caminho pragmático para alcançar os fiéis que tinham sido repelidos por sua Igreja ou pela ênfase rigorosa dela sobre o que fazer e o que não fazer [...]. Ele está pedindo a seu exército que pense de modo mais amplo.

— Howard Chua-Eoan e Elizabeth Dias, Pope Francis, the people's pope[12], revista *Time*, 23 de dezembro de 2013

Acho que o Papa Francisco está se mostrando um mensageiro extraordinariamente atencioso e compassivo da paz e da justiça.

— Barack Obama, entrevista para a rede de televisão MSNBC, dezembro de 2013

[12] Tradução livre: "Papa Francisco: o papa do povo.". (N.T.)

Ele é o principal pastor do mundo, e seu grande tema é a misericórdia.

— Irmã Mary Ann Walsh, porta-voz para a Conferência Episcopal dos Estados Unidos

Ele conquistou a imaginação do mundo. Como Jesus, ele está sempre dizendo "odeie o pecado, ame o pecador". A verdade e o amor devem estar sempre equilibrados, e acho que ele está fazendo isso de modo brilhante.

— Cardeal Timothy Dolan, responsável pela Conferência dos Bispos Católicos dos Estados Unidos

Ele não é um showman como foi João Paulo II, tampouco é tão reservado como Bento XVI. Francisco está completamente confortável na própria pele. Ele é uma pessoa transparentemente feliz [...] Parece muito simplista, mas a felicidade sincera por parte de uma figura pública não é algo comum.

— Padre João Wauck, Professor da Opus Dei Pontifícia Universidade da Santa Cruz, em Roma, em One Year Later, "A Pope for All" Keeps Catholics Guessing,[13] por Sylvia Poggioli, NPR News, 13 de março de 2014

[13] Tradução livre: Um ano depois, "o papa de todos" mantém católicos pensativos. (N.T.)

Como sacerdote, ele desafiou positivamente meus irmãos sacerdotes e a mim com seu estilo de vida simples, sua óbvia liderança servidora, suas advertências sobre o que é mais importante no nosso ministério sacerdotal e seu espírito contagiante de alegria. Papa Francisco forneceu nova energia e novo foco para muitos sacerdotes.

— Dom Joseph E. Kurtz, arcebispo de Louisville, Kentucky, e presidente da Conferência Episcopal dos Estados Unidos, USCCBLOG, 10 de março de 2014

Se a Igreja se assemelhar a ele e se tornar o que ele quer que ela se torne, será uma mudança memorável.

— Eugenio Scalfari, em How the Church will change, jornal *La Repubblica*, 1º de outubro de 2013

A luz de esperança [do Papa Francisco] vai trazer mais luz que qualquer avanço da ciência, porque nenhuma droga tem o poder do amor.

— Elton John

Raro é o líder que nos faz querer ser pessoas melhores. Papa Francisco é esse líder.

— Barack Obama, edição 2014 de As 100 Pessoas Mais Influentes da revista *Time*

CRONOLOGIA

17 de dezembro de 1936 – Jorge Mario Bergoglio nasce em Buenos Aires, Argentina. Ele é filho de Mario Jose Bergoglio, imigrante italiano, e Regina Maria (Sivori) Bergoglio, argentina de ascendência italiana.

1954 – Gradua-se no ensino médio com um diploma em tecnologia química.

1957 – Aos 21 anos, fica gravemente doente com pneumonia. Como resultado, parte do seu pulmão direito é removido.

11 de março de 1958 – Sente-se chamado ao sacerdócio e entra na Companhia de Jesus como noviço.

12 de março de 1960 – Faz seus primeiros votos como jesuíta e estuda humanidades em Padre Hurtado, no Chile.

1961 a 1963 – Estuda Filosofia no Seminário San Miguel, em Buenos Aires.

1964 a 1965 – Leciona Literatura e Psicologia em uma escola jesuíta de ensino médio, em Santa Fé, Argentina.

1966 – Leciona no ensino médio do Colegio del Salvador, em Buenos Aires.

1967 a 1970 – Estuda Teologia no Colegio Máximo.

13 de dezembro de 1969 – É ordenado sacerdote.

1970 a 1971 – Completa a "terceira provação", ou terceiro período de estágio, para formação de jesuítas na Espanha.

22 de abril de 1973 – Faz sua profissão perpétua. De 1973 a 1979, ele serve como chefe provincial jesuíta para a Argentina e o Uruguai.

1979 a 1985 – Torna-se reitor e instrutor de Teologia no Colegio Máximo.

27 de junho de 1992 – O padre Jorge Bergoglio é nomeado bispo auxiliar em Buenos Aires.

28 de fevereiro de 1998 – Torna-se arcebispo de Buenos Aires.

21 de fevereiro de 2001 – O Papa João Paulo II nomeia Bergoglio cardeal da Igreja Católica.

2005 – O cardeal Bergoglio supostamente recebe o segundo maior número de votos no conclave que elegeu o cardeal Joseph Ratzinger ao papado como Papa Bento XVI, depois da morte do Papa João Paulo II.

2005 a 2011 – Serve como presidente da Conferência Episcopal da Argentina.

13 março de 2013 – Eleito 266º papa da Igreja Católica depois de dois dias e cinco votações.

23 de março de 2013 – O Papa Francisco se reúne com o Papa Emérito Bento, primeira vez que esse tipo de encontro ocorre em mais de seiscentos anos. O Papa Francisco é levado de helicóptero ao Castelo Gandolfo para o almoço privado com o Papa Emérito Bento.

Março de 2013 – Decide não viver nos aposentos papais, optando por residir na Casa Santa Marta, uma casa de hóspedes do Vaticano.

Abril de 2013 – Estabelece um conselho consultivo formado por cardeais escolhidos de todo o mundo para ajudá-lo a governar a Igreja Católica.

Junho de 2013 – Estabelece uma comissão para examinar as instituições financeiras do Vaticano.

Julho de 2013 – Preside a 14ª comemoração da Jornada Mundial da Juventude no Rio de Janeiro, Brasil, de 23 a 28 de julho. Mais de 3 milhões de pessoas presenciam o evento.

Outubro de 2013 – Visita Assis, terra natal de São Francisco. Ele faz uma peregrinação traçando os passos de São Francisco e é recebido por milhares de fiéis.

Dezembro de 2013 – Nomeado a "Personalidade do Ano" de 2013 pela revista *Time*.

Janeiro de 2014 – A revista *Rolling Stone* apresenta o Papa Francisco em sua capa.

Março de 2014 – Cria comissão para aconselhá-lo sobre a política de abuso sexual na Igreja, a qual inclui um número igual de homens e mulheres e mais leigos que membros do clero.

27 de abril de 2014 – Declara santos os Papas João XXIII e João Paulo II, na primeira dupla canonização papal.

CRÉDITOS DE IMAGEM

Landov: © Reuters / Landov

Newscom: © ABACA 122; © AFP / Getty Images 98; © Claudia Conteris 80; © Patrick Hertzog: 104; © Romano Osservatore 48; 92, 128; © Reuters 132; © Eric Vandeville 28; © Leonardo Zavattaro 20; © Zuma Imprensa 58, 66, 72

Shutterstock: © Giulio Napolitano 8, 14, 34, 40, 86, 116; © guardas Martin Podzorny

Este livro foi impresso pela Rettec Gráfica
em papel avena soft 80 g.